경제 지식
7일 만에 끝내기

Seven Days Master Series

경제 지식
7일 만에 끝내기

• 박유연 지음 •

사림

프롤로그

경제를 알려면 흐름을
이해해야 한다

경제지식을 7일 만에 끝낸다니 도대체 가능한 소리인가. 책을 집어 드는 순간 많은 독자들은 의심을 가졌을 것이다. 사실 경제지식의 양은 방대하다. 학자들조차 평생 공부해도 따라잡을 수 없다고 이야기한다.

그런데 경제지식은 모두 알 필요는 없다. 오히려 많이 아는 것이 독이 되기도 한다. 선무당이 사람 잡는 것처럼 어설프게 많이 아는 사람들이 잘못된 예측을 하고 그릇된 결정을 한다.

경제활동을 하는 데 있어 중요한 것은 지식의 양이 아니라 분석력이다. 분석력은 경제 구조를 둘러싼 흐름을 이해하는 데서 나온다. 이 책은 이러한 흐름을 이해하는 데에 주안점을 두었다.

그리고 지금까지 일어난 일을 바탕으로 앞으로 어떤 일이 전개될지에 대해서도 초점을 맞추었다. 방점은 앞으로 전개될 경제이슈에 찍었다. 2008년 말 글로벌 금융위기가 본격화된 이후 경제 체질은 근본적으로 변하고 있다. 그리고 그 변화는 큰 물결 속에서 때로는 급작스레 진행되고 있다. 앞으로 변화의 이슈는 허약한 기업과 저축은행의 구조조정, 가계부채와 부동산 문제의 심화, 성장 잠재력 회복 등 크게 3가지이다. 이 이슈들은 향후 몇 년간 한국 경제가 해결해야 할 주요 과제가 될 것이다.

이 같은 흐름을 이해하고 있어야 어떤 경제활동을 하더라도 사전에 예측해 대응할 수 있다. 전체적인 맥락을 파악해 결정을 내릴 수 있기 때문이다. 이 책에서는 이 같은 이슈에 대해 충분히 풀어내려고 많은 노력을 했다. 이 과정에서 핵심 역할을 해야 할 정부의 정책 활동이 어떤 한계를 안고 있는지 설명했고, 더불어 현재 우리를 둘러싸고 있는 위기가 어떻게 찾아왔고 사전에 위기를 감지할 방법은 없었는지도 풀어냈다.

이와 함께 독자 여러분들이 현재 경제학에서 화제가 되고 있는 내용에 대해 다소나마 맛을 볼 수 있도록 경제의 신조류에 대해 별도의 장으로 구성했다. 그리고 전체 맥락을 이해하는 데 도움이 되면서 꼭 알았으면 하는 내용은 상자로 따로 구성해 곳곳에 삽입했다. 책을 읽다 머리를 식히는 용도로 활용하면 좋겠다.

제목대로 이 책을 7일 만에 읽어낸다고 해서 경제에 대한 전반적인 개념 정리를 완벽히 통달하기는 어려울 것이다. 하지만 이를 기반으로 경제 현안을 분석하고 예측하는 힘을 키우면 앞으로 여러분이 경제생활을 하는 데 큰 도움이 될 것이라 믿는다.

기자 입장에서 요즘처럼 취재하고 기사 쓰기가 어려운 적도 없었던 것 같다. 경제 현상이 급박하게 바뀌고 있기 때문이다. 이에 대해 어떤 사람은 "기사 쓸 내용이 많으니 행복한 고민 아니냐"고 말하지만 혹시라도 잘못된 내용을 전달하게 될까 겁부터 나는 것이 요즘의 현실이다.

책을 쓰면서도 이 같은 생각을 많이 했다. 특히 매일 쓰는 기사와 달리 책에 담기는 내용은 수명이 매우 길다. 글을 쓸 때 들어맞았던 내용이 정작 책을 출간한 후 다르게 해석되는 일도 다반사이다. 이를 최소화하고 가급적 오랫동안 여러분의 경제생활에 동반자가 될 수 있도록 많은 노력을 했다.

어느덧 금융위기가 본격화된 지도 3년이 흘렀다. 지금으로부터 3년 뒤 경제 환경은 지금과는 또 다를 것이다. 이 책을 읽은 독자 여러분 모두 승자의 위치에 서 있기를 바라본다.

'7일 만에 끝내기 시리즈' 경제 편 외에 금융, 환율 편도 함께 집필했다. 부족하지만 3권의 책이 나오기까지 많은 조언을 아끼지 않은 살림출판사 관계자들께 감사의 뜻을 전한다.

박유연

contents

프롤로그_ 경제를 알려면 흐름을 이해해야 한다 004

step 1. 경제와 성장

경제는 어떻게 운영되는 것일까? - 경제 구성요소 013

파출부를 많이 쓰면 경제 규모가 커지는 이유 - GDP의 한계 024

해외여행을 많이 하면 소비 지표가 살아난다? - 대외경제, 해외 소비·투자의 경제 영향 034

step 2. 경기변동과 경제위기

경제위기는 왜 어떻게 발생하나 - 위기 전개 및 전파 과정 047

한국경제 위기는 어떻게 전개됐나 - 외화난, 신용경색 059

위기, 먼저 알아챌 수 없을까? - 신호접근법으로 보는 위기 판별법 071

step 3. 정부와 국가 경제

경기 침체 시 정부 개입은 만고불변의 진리? - 재정승수, 정책무력성 명제, 정책결합, 정책시차 087

'실질 이자율을 마이너스로 만들어라' - 비상식적 통화정책 098

4대강 사업 해야 하나 말아야 하나 - 공공사업 편익 평가 방법 109

step 4. 가계부채와 부동산

한국 경제의 최대 아킬레스건, 가계부채 - 가계부채, LTV, DTI 121

한국 집값의 거품은 어느 정도일까? - 주택가격 지표, PF대출 130

가계부채 - 부동산, 그 악순환의 고리를 끊어라 - 해법, 개인신용정보 관리 143

step 5. 기업 구조조정

위기에 빠진 기업을 구하라 - 워크아웃 157

법원이 기업을 경영할 때 - 법정관리 170

'종기는 커지기 전에 없애야' - 기획 구조조정 178

step 6. 기업 경제학

기업 사냥꾼을 막아라 - 기업 경영권 방어장치, 포이즌필의 양면성 193

삼성그룹이 지주회사가 못 되는 이유 - 기업 지배구조 문제 203

식당 주인이 음식 안 팔면 불공정 행위? - 기업 불공정행위 규제 212

step 7. 경제의 신조류

도대체 게임이론이 뭐야? - 게임이론으로 경제 읽기 227

10년 후면 내 재산의 일부는 탄소배출권?
 - 녹색경제와 탄소배출권 238

신자유주의는 이대로 몰락할까?
 - 경제 사조의 변천 248

Seven Days Master Series

# step 1

경제와
성장

경제는 어떻게 운영되는 것일까?
– 경제 구성요소

경제 구조를 가장 단순화하면 생산-분배-지출로 나눌 수 있다. 한마디로 무언가 만든 뒤 그 결과를 나눠가지고 각자 소비에 활용하는 것이 경제이다. 여기서 마지막 고리인 소비가 앞 고리인 생산을 자극시키면서 선순환 구조를 만들어낸다. 이 같은 구조가 잘 맞물려 돌아가면 경제는 조화로운 상태를 유지할 수 있다. 이는 곧 어떤 고리에 문제가 생기면 조화가 깨질 수 있음을 의미하기도 한다. 그렇다면 경제는 어떻게 움직이는 것일까?

3주체의 3각 경제활동

생산, 분배, 지출은 각기 독립된 주체에 의해 이뤄지는 활동이 아니다. 생산주체가 곧 분배나 지출의 주체가 되며 상호 보완적인 관계를 맺는다. 크게 보아 정부, 기업, 가계가 조화를 이루면서 경제활동을 한다.

주된 생산주체는 당연히 기업이다. 하지만 기업에 소속되어 실제 생산을 하는 주체는 모두 가계 구성원들이다. 가계는 그 자체로 생산활동을 하기도 한다. 자영업자가 대표적인 예이다. 정부도 나름대로 기업이나 가계가 다루지 않는 공공재를 생산한다.

이 같은 생산의 결과가 모여 경제를 구성한다. 그리고 그 크기를 알려주는 것이 국내총생산, 즉 GDP(Gross Domestic Product)이다. GDP를 들여다보면 그 나라의 경제 규모가 얼마나 큰지를 알 수 있다.

GDP는 각 경제주체들이 나눠 갖는다. 기업은 이윤으로, 가계는 가구소득으로, 정부는 세금으로 가져간다. 그리고 나눠 가진 대가를 통해 각 주체들은 소비활동을 한다. 기업은 투자를 하고 가계는 소비를 하며 정부는 각종 정책을 편다.

이에 생산의 결과는 분배의 합 그리고 지출의 합과 일

치한다. 현재 한국의 GDP는 2009년 기준 1,063조 591억 원이다. "2009년 한 해 동안 가계, 기업, 정부가 생산한 결과를 돈으로 환산해 더해 봤더니 이 수치가 나왔더라"는 의미이다.

달러 기준으로는 8,329억 달러이다. 원화 기준 GDP를 2009년 평균 환율로 나눠준 값이다. 8,329억 달러는 세계 15위에 해당하는 수준이다.

한국 GDP는 꾸준히 12위권을 유지하다가 중국, 브라질, 러시아 등 신흥국들이 성장하면서 현재는 순위가 밀려 있다. 인구, 영토 등이 협소한 상황을 감안하면 어쩔 수 없는 일이다. 하지만 지속적인 노력을 통해 우리보다 앞선 나라들과의 격차를 좁혀나갈 필요가 있다.

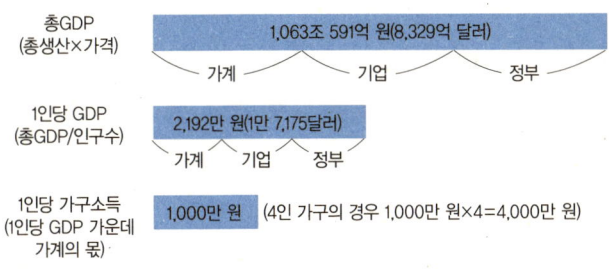

[그림 1-1] **GDP 개념도**

TFP와 경제성장률

경제는 끊임없이 성장한다. 자체적으로 동력이 생기면서 그 규모가 커지기 때문이다. 특히 생산-분배-지출의 3각 구도가 잘 맞물려 돌아가면 성장세는 배가된다. 생산 결과가 잘 분배되어 각 경제주체들이 적극적인 지출에 나서면 이것이 다시 생산활동을 자극하면서 규모를 키우는 식이다. 적절한 분배 구조가 확립된 상태에서 경제가 성장하면 각 경제주체들에게 돌아오는 몫이 커져 삶의 질이 개선되고 행복도도 높아진다. 이에 경제 성장은 무척 중요하다.

경제를 성장시키기 위해서는 생산-분배-지출의 각 단계가 활성화되어야 한다. 우선 생산단계에서 기술 개발, 공정 개선 등을 통해 생산 과정이 효율화되어야 한다. 이를 통해 생산 규모를 키울 수 있다.

이를 알려주는 지표가 총요소생산성(Total Factor Productivity; TFP)이다. 이는 주어진 노동, 자본, 원자재 등 생산요소를 투입해 얼마나 많은 상품을 생산할 수 있는가를 나타내는 지표이다. TFP가 높기 위해서는 생산과정과 공정기술이 효율적이어야 한다. TFP가 올라가면 생산요소를 덜 투입해도 더 많은 상품을 생산할 수 있어 기업수익성이 개선되고 산출능력이 향상된다. 이에 국가와 기업경쟁력을 상징적으로 보여주는 지표로 해석된다.

또 다른 지표로는 노동생산성이 있다. 투입 노동량 대비 산출량을 알려주는 지표이다. 하지만 이는 생산효율성이 높지 않더라도 막대한 자본을 투입하면 지표가 올라가는 맹점이 있다. 즉 생산효율성 자체는 떨어져도 노동자 1인당 투입 자본이 늘면 노동생산성이 함께 올라간다. 부지런한 노동자 1명에 기계가 1대 배정될 때보다 게으른 노동자 1명에게 기계를 3대 배정할 때 더 많은 제품을 생산할 수 있는 식이다.

TFP는 노동을 포함한 모든 생산요소 대비 생산량을 알려줘 이 같은 문제점을 없앴다. 이에 진정한 효율성을 알기 위해서는 TFP를 봐야 한다(TFP는 경제학의 경제성장론이나 경기변동론에 자주 원용되지만 수치 산출이 어려운 한계가 있다). 한국경제의 TFP는 선진국에 비해 아직 낮은 것으로 나타나고 있어 개선 노력이 필요하다

분배 단계에서는 적절한 분배가 요구된다. 생산의 결과를 정부, 기업, 가계가 고루 나눠가져야 한다. 만일 조세 부담이 너무 커서 생산 결과가 정부로만 돌아가거나, 기업들이 인건비를 줄이고 무리하게 이윤을 많이 가져가면

가계로 돌아가는 몫이 줄어든다. 이는 가계의 소비 여력을 위축시킨다.

한국의 경제 규모를 전체 인구로 나눠준 1인당 GDP는 2009년 기준 2,192만 원이다. 달러 기준으로는 1만 7,175달러이다. 이러한 결과 가운데 상당 부분이 정부나 기업에만 돌아간다면 가계가 차지하는 부분은 작은 수준에 그칠 수 있다. 현재 가계가 소득으로 가져가는 부분은 절반 정도이다. 즉 1인당 GDP 2,192만 원 가운데 1,000만 원 정도를 가계가 가져가고 있다. 4인 가구로 환산하면 가구당 평균 연소득은 4,000만 원 정도이다. 이 크기가 적절한가에 대한 논쟁이 있다.

지출 단계에서는 적절한 소비와 투자가 이뤄져야 한다. 가계가 소득 가운데 대부분을 쓰지 않고 저축만 하려 들거나, 기업들이 이윤 가운데 대부분을 투자하지 않고 적립만 하려 들 경우 이 경제의 소비와 투자는 매우 부진해진다. 이는 생산활동을 위축시켜 경제 활력을 떨어트린다. 이런 식으로 생산이 부진해지면 경제 규모가 쪼그라들면서 돌아오는 몫이 줄고 이에 따라 소비와 투자가 다시 침체되는 악순환에 빠질 수 있다.

현재 한국 경제는 생산, 분배, 지출의 구조가 원활하

게 돌아간다고 이야기하기 어렵다. 생산 효율성이 떨어져 TFP 수치는 낮은 편에 속하며, 분배도 효율적이지 않다. 특히 대기업, 특정 지역, 고소득층 등 일부 계층에 분배가 집중되는 성향이 갈수록 심화되고 있다. 이는 중산층 이하 대다수 계층의 소비 여력을 줄이면서 경제 활력을 떨어트리고 있다. 이에 적절한 분배는 사회 공평성 제고뿐 아니라 성장을 촉진하는 데도 반드시 필요한 요소이다.

'균형 발전'이 중요하다는 이야기가 나오는 것은 이 때문이다. 균형 발전이 이뤄져야 경제 전체적으로 분포된 자원을 최대한 활용하면서 성장 여력을 최대한 확대할 수 있다. 물론 균형 발전 이면에 선택과 집중도 중요하다. 필요하다면 특정 분야에 성장 여력을 집중시켜야 효율적인 성장을 이끌어낼 수 있다. 이에 교조적인 의미의 균형 발전은 지양할 필요가 있다.

지출에 있어서는 가계부채 등 문제로 인해 소비 부진이 심화되고 있고, 기업들의 보수적인 성향이 강화되면서 투자도 침체되어 있다. 앞으로 한국 경제가 꾸준히 성장하기 위해서는 각 단계별 활동이 활발해질 수 있도록 노력해야 한다. 이러한 구조가 잘 순환하면 해당 경제는

'펀더멘털'이 강하다는 이야기를 듣는다.

이러한 노력이 잘 진행되면 경제성장률은 높아질 수 있다. 경제성장률은 1년 전과 비교해 GDP가 얼마나 늘었는지를 알려주는 지표이다. 경제성장률이 5%라면 GDP가 1년 전보다 5% 늘었다는 것을 뜻한다. 이는 곧 각 경제주체들에게 돌아오는 몫도 '평균적으로' 5% 증가하는 상황을 나타낸다(경제 성장의 몫이 제대로 분배되지 않으면 기업 이윤과 정부 규모는 5% 이상으로 커지면서, 가계 소득은 5% 미만으로 성장하거나 심지어 줄어들 가능성도 있어 분배가 중요하다).

앞으로 우리나라는 경제효율화를 개선해 경제성장률을 지속적으로 높일 필요가 있다. 2000년대 이후 한국 경제의 평균적인 성장률은 3~5% 정도이며, 2009년에는 글로벌 경제위기 여파를 받아 0.2%로 급감한 바 있다.

소비가 부진해도 경제가 성장할 수 있는 이유

경제성장률을 해석하기 위해서는 성장 기여도를 잘 살펴야 한다. 성장 기여도란 경제 주요 부문이 경제성장에 얼마나 기여했는지를 나타내는 수치이다. 예를 들어 4분기 경제가 3분기보다 1.1% 성장했다면 이 가운데 민간소비에 의한 부분은 0.3%포인트, 설비투자에 의한 부분은 0.4%포인트, 건설투자에 의한 부분은 0.4%포인트 등으로 나눌 수 있다. 이를 합하면 1.1%라는 수치가 나온다.

이 같은 기여도를 빼고 전체 성장률 수치만 보면 경제 상황을 왜곡할 수 있다. 2006년 3분기를 예로 들어보자. 당시 경제성장률은 2분기 대비 1.1%를 기록하며 호조세를 보였다. 분기는 1년을 4로 나눈 것으로 3개월이 포함된다. 3분기는 7~9월이다. 분기성장률은 일반적으로 1%를 넘으면 호조세로 볼 수 있다. 연간으로 환산하기 위해서는 4를 곱하면 되는데 4.4%라는 수치로 5%에 육박해 꽤 좋은 성장세로 볼 수 있다.

하지만 당시 성장 내용을 들여다보면 오히려 경기침체 상황에 가까웠다. 당시 건설업은 전분기보다 3.1% 성장하며 전체 국내총생산 증가율을 훨씬 상회했다. 4를 곱해 연간으로 환산하면 12.4%에 달하는 성장률이다. 특히 직전 2분기 건설업 성장이 마이너스 2.7%였고 당시 경기부진의 주원인이 건설업 침체에 있었음을 감안하면 큰 변화였다.

하지만 속내를 들여다보면 이러한 성장은 공공건설 때

문에 가능했다. 3분기 들어 대형 토목건설이 전기 대비 4.5% 성장했고 비주거용 건설업은 5.5% 성장했다. 모두 전분기에는 마이너스 성장을 면치 못했지만 3분기 들어 큰 폭으로 성장했다.

반면 주거용 민간건설업은 전분기 대비 1.3% 성장하는 데 그쳤다. 1년 전과 비교하면 오히려 마이너스 3.1% 성장을 기록했다. 결국 민간건설업은 여전히 최악의 부진을 면치 못하는 상황에서 정부 건설이 크게 늘면서 지표상으로만 호조를 보인 것이다.

이에 따라 당시 경제성장 기여도에서 건설 투자는 0.4%포인트를 차지했다. 평소 0.1%포인트 정도에 불과했던 수치가 4배로 뛰어오른 것이다. 이는 곧 공공건설에 의한 건설 투자의 성장 기여도 부풀리기가 없었다면 전기 대비 성장률이 1.1%에서 0.8% 수준으로 떨어졌을 것이란 점을 의미한다.

당시 3분기 민간소비는 전기 대비 겨우 0.6% 성장하는 데 그쳤다. 2005년 1분기 이후 가장 낮은 수준이었고 민간 체감 경기 악화를 그대로 반영하는 수치였다. 반면 이때 정부 소비지출은 전기보다 1.7% 성장하며 민간 소비증가율을 훨씬 상회했다.

결국 당시 3분기 성장률 호조세는 민간 경기가 침체되는 상황에서 정부 건설 수주와 지출 증가 때문에 가능했다. 이는 곧 정부가 경기침체를 방어하기 위해 지출을 늘리지 않았다면 계속 침체를 면치 못했을 것이란 점을 의미한다. 이 같은 점을 찾아내기 위해서는 성장 기여도를 잘 살펴야 한다.

파출부를 많이 쓰면 경제 규모가 커지는 이유
– GDP의 한계

GDP는 국가 경제를 평가하는 유용한 지표이지만 한계도 많다. 단지 경제 규모를 보여주는 것일 뿐 경제주체들의 진정한 행복을 나타내주지 못한다는 주장도 있다. 이에 따라 대체 지표를 개발하려는 움직임이 활발하게 전개되고 있다. GDP 지표에는 어떤 한계가 있을까?

자체 생산 포착하지 못하는 GDP

GDP의 가장 큰 문제점은 엄연한 생산활동인데도 포함되지 않는 경우가 있다는 것이다. 대표적인 것이 가사노동이다. 예를 들어 가정주부가 자기 아이에게 이유식을 만들어 먹이는 행위는 경제활동이지만 GDP에 포함되지 않는다. 반면 이 주부가 이유식을 사 먹이면 이는 이유식 업체의 생산을 유발해 구입액만큼 GDP에 포함된다. 또 주부가 돈을 주고 파출부를 고용해 빨래나 청소를 시킨다면 GDP 계산에 포함되지만, 같은 일을 스스로 하면 GDP에 포함되지 않는다.

이러한 상황은 비단 가사노동에만 해당되지 않는다. 자신을 위해 생산한 물건은 거의 대부분 GDP에 포함되지 않는다. 예를 들어 중국집 주인이 매일 직원들과 음식을 만들어 먹을 경우 이는 GDP에 포함되지 않는다. 반면 이 중국집 주인이 인근 한식집에서 음식을 사 먹으면 GDP에 포함된다.

이는 무척 불합리하다. 과정만 다를 뿐 결과는 같기 때문이다. 구체적으로 이유식 업체의 생산이 늘면 직원들의 가구 소득이 증가한다. 마찬가지로 주부들의 자체 이유식 생산이 늘면 역시 실질 가구 소득이 늘어난다. 이유식을 사야 했는데 사지 않아 다른 제품을 구입할 여력이 생기기 때문이다. 또 중국집에서 자신을 위해 음식을 만들건 손님을 위해 음식을 만들건, 이는 같은 생산활동으로 볼 수 있다. 다만 누가 먹느냐의 차이만 있을 뿐이다.

이처럼 엄연한 생산활동임에도 GDP가 자체 생산을 포함시키지 않는 것은 스스로 소비하기 위해 생산한 물건은 계산하기 번거롭기 때문이다. 즉 스스로를 위해 얼마나 생산했는지 추산이 어렵기 때문이다. 돈을 받고 물건을 팔 때는 거래 관계를 포착할 수 있지만, 자체 생산 및 소비활동은 거래 관계를 탐지하기 어려워 GDP에 포함시키지 못하고 있다.

다만 농산물은 예외로 한다. 농부가 쌀 100가마를 생산해 90가마만 팔고 10가마를 스스로 소비할 경우 100가마 모두 GDP에 포함된다. 이는 반대로 농산물은 자가소비 농산물을 빼고 수확량을 GDP로 계산하는 것이 번거롭기 때문이다.

이밖에 GDP는 성장에 따른 문제점을 반영하지 못한다. 예를 들어 경제성장 과정에서 대기 오염 등이 심화됐다면 이는 삶의 질을 후퇴시킨다. 이에 경제성장에 따른 삶의 질 개선을 정확하게 알 수 있기 위해서는 이 같은 부작용을 반영할 수 있어야 한다. 하지만 GDP는 이를 포함하지 못한다.

GDP는 또 경제주체들의 행복도도 정확히 반영하지 못한다. 아무리 경제가 성장해 1인당 소득이 증가한다 하더라도 이 과정에서 각종 스트레스가 커진다면 예전에 비해 결코 행복해졌다고 할 수 없다. 실제로 어느 조사 결과에 따르면 한국의 경제 규모는 세계 15위에 달하지만 행복지수(HPI)는 68위에 불과하다고 한다.

재화의 질적 변화를 제대로 반영하지 못하는 문제점도 발생한다. 예를 들어 10만 원짜리 휴대폰이 100만 개 생산되고 있는 상황이 10년간 지속되고 있다고 가정해보자. 이 같은 상황을 GDP로 읽으면 경제에는 아무런 성장이 없는 것으로 평가된다. 하지만 10년 사이 기술이 진보하면서 휴대폰 기능이 크게 개선되었다면 해당 경제는 분명히 큰 개선이 있는 것으로 평가할 수 있다. 하지만 GDP는 이 같은 변화를 포착하지 못한다.

지하경제 포착하지 못 하는 GDP

현실적인 GDP의 또 다른 문제점으로는 지하경제를 제대로 포착하지 못하는 데서도 나온다. 지하경제는 실질적으로 이뤄지는 경제활동이면서도 탈세, 불법 등을 이유로 당국에 의해 포착되지 않는 경제활동을 의미한다. 고리사채, 밀수, 마약거래, 불법도박 등이 대표적인 예이다. 이는 엄연한 경제활동이지만 GDP로는 그 규모가 얼마나 되는지 파악할 수 없다. 만일 포착할 수 있다면 적발과 더불어 과세를 통해 세금 수입을 거둘 수 있지만 현실적으로는 그렇게 하지 못한다.

이는 해당 경제의 규모를 파악하는 데 큰 장애가 되고 있다. 극단적으로 전 국민의 90%가 마약의 생산이나 유통에 종사하는 나라가 있다고 가정하자. 불법활동인 만큼 이 나라 사람들은 고소득을 올리고 있다. 하지만 이것이 제대로 집계되지 않으면 이 나라의 경제 규모는 합법적인 10%의 활동만으로 추산해야 하고 결과적으로 매우 못사는 나라처럼 비칠 수 있다. 이에 따라 국제사회의 지원이 이뤄지면 불법활동으로 잘 사는 나라에 지원이 이뤄지는 촌극이 빚어질 수 있다.

이 밖에 GDP에는 각종 자본거래가 포함되지 않는다. 주식, 부동산, 주택 등의 상속, 증여, 거래 과정에서 차익이 발생했다 하더라도 이는 GDP에 포함되지 않는다. 예를 들어 갖고 있던 삼성전자 주식을 팔아 거액을 벌었거나, 주식을 아들에게 증여하는 과정에서 아들에게 새로운 소득이 발생했다 하더라도 이는 GDP 개념의 소득에 포함되지 않는다. 단순히 누군가에게로 부(富)가 이전된 결과이기 때문이다. 주식 거래의 경우 주식 매수자로부터 매도자에게 현금이라는 부가 이전된 것일 뿐 생산활동이라고 볼 수 없다. 이에 GDP만으로 경제주체의 소득과 자산이 얼마나 늘었는지 파악하기는 어렵다. 그러므로 별도의 자산 통계가 필요하다. 반면 경찰, 국방 등 국가가 제공하는 서비스는 GDP로 계산하기 곤란할 것 같지만 소요된 비용 등을 참고하여 GDP로 계산된다.

이밖에 1인당 GDP는 국민 생활 수준을 나타내는 데 근본적인 한계를 갖고 있다. 단순히 생산물의 가치를 인구수로 나눠준 것이기 때문이다. 생산의 결과가 국민 개개인이 아닌 기업 이윤이나 정부 세금으로 많이 들어간다면 국민 생활 수준은 떨어질 수 있다. 실제 GDP는 기업이윤, 정부세금, 가계 소득의 합이다. 이에 1인당 GDP를 개인이 평균적으로 벌고 있는 소득이라고 착각해선 안 된다. 1인당 GDP가 2만 달러라면 여기에는 이윤, 세금 등이 포함되기 때문이다.

그러므로 국민 생활 형편을 비교하기 위해서는 1인당 GDP보다 각국 통계청이 설문조사를 거쳐 발표하는 가구 소득을 비교하는 것이 더 나을 수 있다. 조사에 따르면 4인 가구 기준 연간 4,000만 원 이상을 벌면 평균 이상에 해당한다. 이를 1인당으로 계산하면 1,000만 원으로 1만 달러에 채 못 미친다. 기업 이윤과 정부 세금이 많을수록 1인당 GDP와 1인당 가구 소득에는 큰 차이가 생긴다. 1인당 가구 소득은 국제적으로 표준을 맞추기 어려워 제대로 비교가 이뤄지지 못하고 있다.

GDP 포함	GDP 불포함
· 자가생산 농산물 · 공공재 생산 · 대부분의 재화, 서비스 생산	· 가사노동 · 자가생산물 · 재화의 질적 변화 · 지하경제

순위	국가	행복지수
1	코스타리카	76.1
2	도미니카공화국	71.8
3	자메이카	70.1
4	과테말라	68.4
5	베트남	66.5
6	콜롬비아	66.1
7	쿠바	65.7
8	엘살바도르	61.5
9	브라질	61.0
10	온두라스	61.0
68	한국	44.4

[그림 1-2] **GDP 포함 여부**

이 같은 GDP의 한계에 따라 여러 대체 지표가 개발되고 있다. 경제학자 스티글리츠가 프랑스 사르코지 대통령의 제안에 따라 소득분배도, 국민만족도, 보건, 교육, 정치환경, 사회적 관계 등을 감안해 만든 '행복GDP'가 대표적인 예이다. 또 설문조사를 통해 각 나라별 행복도를 조사하기도 한다. 하지만 한계가 많아 어떤 지표도 공신력을 얻지 못하고 있다. 스티글리츠의 행복GDP에 대한 기대가 크지만, 아직까지는 제안 단계로 공식 통계가 만들어지기까지는 오랜 시간이 걸릴 전망이다. 이에 따라 GDP는 아직까지 주요한 통계로 널리 활용되고 있다.

'바다이야기'로 보는 지하경제

지하경제는 정확히 계산할 수 없지만 간접적으로 가늠해볼 수는 있다. 한때 한국 사회를 혼란에 빠트렸던 '바다이야기' 사건을 예로 들어보자. 바다이야기는 불법도박이라 GDP에 포함되지 않는다. 이를 추산하기 위해 우선 바다이야기의 서비스 생산액은 게임 사용자들이 게임장 업주에게 지불한 돈의 합으로 추산해볼 수 있다. 미용업계 GDP가 머리를 다듬고 낸 돈의 합으로 추산되듯 바다이야기의 GDP를 게임을 하고 낸 돈의 합으로 추산하는 것이다.

이 같은 돈을 추산할 수 있는 열쇠는 당시 게임장에서 유통된 상품권의 발행 물량에서 찾을 수 있다. 당시 전국 바다이야기 게임장에서는 약 60조 원어치의 상품권이 유통됐다고 전해진다. 즉 게임을 하기 위해서는 돈을 내고 상품권을 받은 뒤 다시 이를 이용해야 하는데, 이 과정에서 60조 원어치의 상품권이 유통된 것이다.

하지만 이 60조 원을 지하경제 규모로 볼 수는 없다. 게임 사용자들이 게임 후 남은 상품권을 다시 돈으로 바꿔갔기 때문이다. 즉 게임장 업주에게 실질적으로 지불된 금액은 사용자들이 낸 돈에서 그들이 돌려받은 돈을 뺀 나머지 금액으로 추산해야 한다.

정부에 따르면 대략 유통 상품권 물량의 10% 가량이 게임장 업주 수중에 남은 것으로 알려졌다. 이를 60조 원과 비교하면 6조 원 정도를 바다이야기와 관련한 지하경제 규모로 볼 수 있다.

이처럼 지하경제는 그 규모는 정확하게 알 수 없지만 간접적으로 추산하는 것은 가능하다. 하지만 이 같은 활동은 정식 경제활동이 아니기에 GDP에 포함되지 않는다. 지하경제에 종사하는 사람이 많으면 많을수록 해당 경제는 실제보다 과소평가된다. 한국 경제는 비슷한 나라들에 비해 지하경제 규모가 큰 것으로 알려져 있다.

한편 바다이야기는 시중의 통화 흐름에도 큰 영향을 미쳤다고 한다. 경제주체들이 현금 대신 상품권을 많이 사용한다고 하자. 이는 한국은행이 발행하는 현금에 대한 수요를 줄여 현금통화를 줄이는 역할을 한다. 상품권이 많이 쓰일수록 현금을 쓸 필요가 사라져 한국은행의 현금 발행 물량도 줄어드는 것이다.

지금까지 발행된 30조 원의 상품권 중 게임장에서 환전하지 않고 이용자들이 실제 물건이나 서비스 구입에 사용한 상품권은 수천억 원대로 추산된다.

당시 한국은행 관계자는 "바다이야기가 없었다면 현금으로 구입됐을 물건이나 서비스가 상품권으로 구입된 만큼 시중 통화를 일부 줄이는 역할을 했다고 볼 수 있다"고 설명했다.

해외여행을 많이 하면 소비지표가 살아난다?
— 대외경제, 해외소비·투자의 경제 영향

한 나라의 경제는 고립되어 움직일 수 없으며 여러 나라와 각종 거래를 하며 서로 영향을 미친다. 특히 한국 경제는 다른 나라와 비교해 세계 경제 영향을 더 크게 받는다. 그러므로 대외경제 영향을 잘 살펴야 한다.

경상수지와 국제거래

고립경제라면 가계, 기업, 정부가 생산한 결과가 국내에서만 사용된다. 하지만 개방경제는 외국과 거래를 하며 생산 결과를 해외로 수출한다. 2009년 기준 한국 경제는 3,735억 8,000만 달러어치를 해외로 수출했다. 2009

년 GDP가 8,329억 달러였음을 감안하면 절반에 육박하는 생산물을 해외로 수출했음을 알 수 있다.

그런데 수출만 할 경우 돈은 벌겠지만 국내에 소비할 대상이 매우 부족할 수 있다. 이에 모든 경제는 수출로 벌어들인 돈으로 외국에서 물건이나 서비스를 사온다. 2009년 기준 한국 경제는 3,174억 5,000만 달러어치를 수입했다.

이처럼 생산물 가운데 상당 부분을 수출하고, 대가로 벌어들인 돈으로 필요한 물건을 수입해 쓰는 것이 현재 한국 경제의 구조이다. 굳이 이러한 거래가 이뤄지는 것은 국내에서 필요한 물건을 모두 조달할 수 없기 때문이다. 원유가 대표적인 예이다. 이를 수입해오기 위해 수출로 돈을 벌어들인다.

경상수지는 이러한 대외관계를 축약해 보여주는 지표이다. 2009년 한국 경제는 426억 7,000만 달러어치의 경상수지 흑자를 기록했다. 이는 각종 경상거래를 통해 수출해서 벌어들인 돈이 수입에 사용한 돈보다 426억 7,000만 달러 더 많았다는 뜻이다.

가급적 경상수지는 흑자를 기록하는 것이 좋다. 그래야 여윳돈을 보유하면서 달러 부족 등 위기 상황에 대비

할 수 있다. 하지만 무조건 많은 흑자가 난다고 좋은 것은 아니다. 수출로 번 돈을 다양한 물건 구입에 사용해야 생활의 질이 나아지기 때문이다. 또 지나치게 많은 흑자가 계속 쌓이면 돌아다니는 돈의 양이 급증하면서 물가 상승 등 각종 부작용이 발생할 수 있다. 이에 대규모 경상수지 흑자가 발생하는 것보다는 어느 정도 규모의 흑자가 장기적으로 지속되는 상황이 가장 바람직하다. 한국 경제는 1997년 외환위기 이후 2008년을 제외하고 지속적으로 경상수지 흑자를 기록 중이다.

한국은 이러한 경상거래에 크게 의존하는 나라이다. 수출과 수입액의 합계는 보통 GDP의 80%에 육박한다. 이는 생산 결과의 상당 부분을 외국과 공유하고 있다는 것을 의미한다.

이러한 특성에 따라 한국 경제는 대외경제 동향에 큰 영향을 받고 있다. 국제 경제가 어려워지면 세계적으로 소비 여력이 위축되면서 한국 제품의 수출이 줄고, 이에 따라 소득이 줄면서 수입할 수 있는 여력도 줄어드는 식이다. 그러므로 한국 경제가 원활하게 돌아가기 위해서는 세계 경제가 좋은 상황을 유지해야 한다.

이와 관련 경제활동을 크게 내수와 대외 부분으로 구

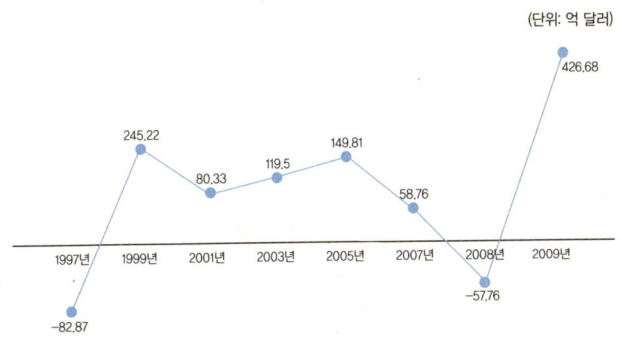

[그림 1-3] **한국 경상수지 추이**
＊자료: 한국은행

분할 수 있다. 국내소비 투자가 활발하면 내수가 좋다고 하고, 수출이 활발해 경상수지 흑자가 발생하면 대외 부분이 좋다고 한다. 한국 경제는 대외보다 내수 부진이 문제로 지적될 때가 많다. 내수와 대외 부분이 상호 보완을 이루는 것이 중요한데 이는 한국 경제의 주요한 과제 중 하나이다.

외국인의 국내소비는 소비증가율과는 무관

대외 관계는 무역 거래에 그치지 않는다. 국가 경계를 넘어 이뤄지는 소비를 통해서도 밀접한 관계를 갖는다.

이와 관련 내국인의 해외소비와 외국인의 국내소비는 서로 다른 방향으로 GDP에 영향을 미친다.

한마디로 정의하면 내국인의 해외소비는 GDP에 포함되지만 외국인의 국내소비는 GDP에 포함되지 않는다. 이는 계산의 편의를 위해서이다. GDP가 국내에서 생산된 결과를 합한 것이라면 이것이 가계, 기업, 정부에 배분된 뒤 사용한 결과의 합도 GDP와 일치해야 한다.

예를 들어 가계, 기업, 정부가 100만 원어치를 생산해 이를 나눠 가진 후 소비와 저축으로 지출한다면 이것의 합도 100만 원이 나와야 한다. 이 같은 정의에 따르면 내국인이 국내에서 소비를 하건 국외에서 소비를 하건 지출 결과를 보여주는 GDP에 포함되어야 한다. 지출한 지역만 다를 뿐, 국내에서 생산된 결과를 사용한 것이기 때문이다. 반면 외국인이 한국에서 소비를 하면 모국에서 생산한 결과를 배분받아 한국에서 사용한 것이므로 한국 GDP 계산에서 빠진다.

그런데 이러한 상황은 경제 모습을 왜곡해 보여줄 가능성이 있다. 예를 들어 가계의 소비지출이 크게 늘었다고 하자. 이에 소비성장률이 큰 폭의 플러스 수치를 나타내고 있다. 그런데 이것이 해외소비 급증 때문이라고 하

자. 내국인들의 해외여행, 유학 수요가 크게 늘었기 때문이다. 이렇게 되면 국내소비 여력은 줄 수밖에 없다. 해외소비가 30% 늘어난 대신 국내소비는 10% 줄어드는 식이다. 그러면 외국의 생산은 자극을 받겠지만 국내 생산은 부진해진다. 국내소비 침체가 생산 부진으로 이어지는 것이다.

이러한 상황을 분석하기 위해서는 국내소비가 얼마나 침체됐는지를 알 수 있어야 한다. 그런데 소비증가율은 해외소비를 합쳐서 보여준다. 이에 국내소비가 부진해도 해외소비가 활발하면 전체 소비증가율은 크게 증가하는 것으로 나타날 수 있다. 이 같은 수치에 따르면 "소비는 괜찮은데 생산이 부진한 것은 경제의 다른 부분에 문제가 있을 것"이란 식의 잘못된 분석을 할 수 있다.

반면 갑자기 외국인의 한국 여행이 크게 늘면서 많은 돈을 쓰게 됐다고 하자. 이는 관광, 요식 등 관련 산업을 크게 자극하는 요소이다. 이에 따라 생산이 활발해지면서 GDP가 늘게 됐다고 하자. 이를 분석하기 위해서는 외국인의 국내소비가 늘어난 상황을 수치로 확인할 수 있어야 한다. 하지만 외국인의 국내소비는 계산에 포함되지 않기 때문에 소비증가율을 높이지 못한다. 이에 외국인의 국내소비가 GDP 증가에 얼마나 기여했는지를 확인하기 어렵다.

현재 한국 경제는 내국인의 해외소비는 활발한 반면 외국인의 국내소비는 부진한 상황이다. 내국인의 해외여행이나 유학은 날로 급증하는 추세이지만, 한국의 교육, 관광 등 서비스 질이 나아지지 않아 외국인이 한국에 매력을 덜 느끼고 있기 때문이다. 2000년 3,769달러에 불과했던 유학 연수 목적의 출국자 1인당 경비가 2005년 7,740달러로 늘어난 것이 대표적인 예이다.

과장된 소비증가율 수치

결국 우리가 지표로 확인할 수 있는 소비증가율은 그 수치가 매우 과장되어 있다고 할 수 있다. 소비가 5% 늘었다면 이 가운데 상당 부분은 해외소비 증가 때문인 것이다. 실제로 2009년 데이터를 보면 소비는 1년 전보다 1.3% 증가한 것으로 나타난다. 경제성장률 0.2%와 비교하면 소비는 그나마 괜찮았던 것으로 이해할 수 있다. 하지만 2009년 상황을 돌이켜보면 경제가 조금이라도 성장했다는 사실을 대부분의 경제주체들이 느끼지 못했다.

금융위기 여파로 소비가 전년보다 매우 부진해졌기 때문이다. 그럼에도 소비증가율이 경제성장률 수치보다 매우 컸다는 사실은 금융위기에도 불구하고 해외여행이나 유학은 줄지 않아 해외소비가 증가세를 유지했다는 사실을 암시한다. 결국 경제가 어려워진 상황에서도 해외여행이나 유학은 계속됐고, 이를 유지하기 위해 국내소비를 줄이면서 내수는 무척 침체됐다. 하지만 소비 지표는 해외여행과 유학으로 사용한 비용을 포함하면서 경제성장률 이상의 증가율을 기록했다.

이같은 상황은 환율에 큰 영향을 받는다. 환율이 떨어져 원화로 환산한 해외 지출 부담이 줄면 해외소비가 크게 늘어난다. 1달러당 환율이 1,000원에서 500원으로 떨어지면, 해외에서 1,000달러를 쓰기 위해 100만 원을 준비하던 상황에서 50만 원만 준비하면 되는 상황으로 변화한 것으로 이해하면 된다. 반면 환율이 올라가면 해외소비를 위해 많은 돈을 준비해야 하기 때문에 해외소비가 줄게 된다.

한국은행에 따르면 한국인들의 소비 가운데 해외소비 비중은 5%에 육박한다. 평균적으로 100만 원을 쓴다면 이 가운데 5만 원은 해외에서 쓴다는 의미이다. 총액으로는 10조 원을 넘는다. 만일 이 같은 소비가 국내에서 이뤄진다면 내수 촉진에 크게 기여할 수 있다. 실제 한국은행은 해외소비가 국내소비로 전환될 경우 경제성장률이 연평균 0.3%포인트 증가할 것으로 추정하고 있다. 국내소비가 늘면서 그만큼 생산이 증가하기 때문이다. 한국은행의 계산에 따르면 해외소비가 모두 국내소비로 전환될 경우 2000년 경제성장률은 8.5%에서 9.0%로 올라가고 2002년 성장률은 7.0%에서 7.7%로 높아진다.

국내소비는 침체되지만 해외소비가 증가하면서 내수가 부진해지는 현상을 확인하기 위해서는 한국은행이 발표하는 해외소비 증가율 지표를 살펴보면 된다. 이를 통하면 전체 소비 증가 가운데 해외소비 기여분이 얼마나 차지하는지를 확인할 수 있다.

또 국제수지 통계 가운데 서비스수지를 보는 것도 도움이 된다. 이는 유학, 관광 등 목적으로 외국인의 국내 지출 비용에서 내국인의 해외 지출 비용을 뺀 값이다. 이 수치는 2009년 기준 170억 달러의 적자를 기록했다. 즉 외국인이 국내에서 쓴 돈보다 내국인이 해외에서 쓴 돈이 170억 달러나 더 많았다는 의미이다.

한편 소비와 달리 국내기업의 해외 투자는 GDP 계산

에서 빠지지만 외국기업의 국내 투자는 GDP에 포함된다. 이에 한국 기업이 해외 투자를 많이 하면 투자증가율에 기여하지 못해 GDP 증가에 포함되지 않지만, 외국기업이 한국 투자를 늘리면 GDP 증가에 포함된다. 즉 현대자동차가 미국에 공장을 건설하면 현대차 매출 증가에는 기여하겠지만 GDP 증가에는 기여하지 못한다.

반면 미국 필립모리스가 국내에 담배 공장을 건설하면 GDP를 늘린다. 다만 현대차가 미국에서 돈을 벌어 이를 국내로 가져오면 이때는 GDP에 포함된다. 하지만 이익을 현지 투자 재원으로 활용하면 국내 GDP에 기여하지 못한다. 그러므로 공장 건설 등 외국에 많은 투자를 하면서 많은 매출을 올리는 한국 기업보다는 국내에 투자를 하는 외국기업이 한국 경제에 더 도움이 된다. 고용 증대 면에서 더욱 그렇다. 물론 세계로 뻗어가는 한국 기업의 가치를 폄하해선 안 된다. 수익의 국내 이전 등 경제 효과가 있는 데다 이미지 제고 등 무형적인 이익도 있기 때문이다.

Seven Days Master Series

step 2

경기변동과 경제위기

경제위기는 왜 어떻게 발생하나
– 위기 전개 및 전파 과정

　경제는 주기적으로 위기에 빠지게 마련이다. 경기가 좋으면 주가, 부동산 가격이 오르면서 필연적으로 거품이 만들어지고 이것이 꺼지면서 위기가 찾아오는 것이다. 현재 우리가 겪고 있는 글로벌 금융위기가 대표적인 사례이다. 이번 위기는 그 진폭이 어느 때보다 깊다. 위기 이전 거품이 무척 컸기 때문이다.

　불과 몇 페이지로 금융위기의 전개 과정을 모두 소개하는 것은 어렵다. 여기에서는 독자 여러분의 이해를 돕기 위해 현재 금융위기를 중심으로 핵심만 뽑아 어떻게 위기가 생기고 확산되는지를 소개한다.

금융위기 발발 과정

이번 금융위기는 금융 발전의 극단에서 벌어진 대참사였다. 이를 대표하는 것이 '구조화 상품'이다. 구조화 상품이 개발되기 전까지 채권-채무 관계는 단순했다. 예를 들어 A가 집을 사기 위해 국민은행에서 대출을 받는 식이다. 이 관계에서는 A가 빚을 갚지 못하면 그 손실은 돈을 빌려준 국민은행이 입는다. 이를 예방하기 위해 국민은행은 대출 심사를 철저히 하고 일정 수준 이상으로 돈을 빌려주지 않는다.

구조화 상품은 이 관계를 깨트렸다. 국민은행이 A에게 돈을 빌려주기 위해 채권을 발행하는 식이다. 구체적으로 국민은행이 500만 원짜리 채권 20개를 발행해 이를 통해 모은 1억 원을 A에게 빌려주게 된다. 이때 각 채권에는 변제순위를 1위부터 20위까지 부여한다. 변제순위는 A가 돈을 갚지 못해 담보가 되는 집을 떠안았을 경우 이를 팔아 돈을 갚아주는 순위를 뜻한다. 선순위자는 돈을 돌려받을 확률이 크고 후순위자는 돈을 돌려받을 가능성이 낮아진다.

대신 수익률은 반대가 된다. 위험성이 큰 채권, 즉 변제순위가 낮은 채권을 구입한 사람에게는 높은 수익률을 제공하고 반대의 사람에게는 낮은 수익률을 제공한다. 물론 이 수익은 은행이 직접 주지 않는다. 채권 20개를 팔아 마련한 1억 원을 대출받은 A가 은행에 이자를 내면 은행이 일정 수수료를 뗀 뒤 채권 구입자들에게 나눠준다. 이 과정에서 은행은 아무런 위험 부담을 지지 않는다. 중간에서 중개만 하기 때문이다. 즉 A가 대출을 갚지 못하면 그 위험은 채권 투자자들에게 전가된다.

'금융의 증권화'로 표현할 수 있는 이 같은 시스템이 발달하면서 은행은 엄청난 채권을 발행해 돈이 필요한 사람에게 빌려줬고, 심지어 신용등급이 매우 낮은 사람들에게도 채권 발행을 통해 돈을 빌려줬다. 이처럼 신용도가 떨어지는 사람에게 주택 구입용 대출을 해주기 위해 발행한 채권을 '서브프라임(Subprime)' 채권이라 한다.

금융위기 직전 은행들은 서브프라임 채권 발행을 남발했고 고수익을 노린 투자자들은 이를 경쟁적으로 매입했다. 이에 따라 신용도가 낮은 사람들도 쉽게 집을 살 수 있었고, 이는 주택 수요를 배가시키면서 집값을 천정부지로 뛰게 만들었다.

하지만 집값은 계속 오를 수 없었고 결국 천정을 찍고 내려가게 됐다. 이에 따라 서브프라임 대출자 가운데 빚

〈자유화·규제완화 부작용형〉
- 1990년대 노르웨이: 급속한 금융자유화 추진 후 경기과열 현상 발생
- 1980년대 칠레: 광범위한 금융자유화 정책 추진으로 금융기관간 경쟁 격화 후 감독기능 취약으로 금융시장의 불안정 문제 대두
- 1990년대 미국 LTCM 위기: 규제완화로 신종 헤지펀드 LTCM 출현 후 대규모 손실로 위기 발생

〈거품경제 부작용형〉
- 1990년대 스웨덴: 경기 호황 이후 자산가격의 상승으로 경제 거품현상 발생 후 가계대출 부실
- 1990년대 일본: 부동산, 주식 등 자산 가치 거품의 급격한 몰락
- 1929년 대공황: 쿨리지 번영기 때 형성된 자산 버블 대폭락
- 1987년 미국 블랙먼데이: 주가 급등으로 인한 투기 버블 몰락

〈불균형 경제형〉
- 1990년대 멕시코: 미국에 대한 과잉 의존 등 거시경제 불균형이 통화 가치 폭락 촉발
- 1970년대 영국: 경상수지 적자 확대에 따른 파운드화 가치 폭락

〈복합형〉
- 1990년대 핀란드: 자금수요 급증에 따른 버블, 금융기관의 방만한 자금운용, 정부 정책대응 실패 결합
- 1997년 한국: 자유화 확대 부작용, 경상적자 확대, 기업 부실, 정책 실패, 주변국 위기 전염의 총체적 결합

〈정책실패형〉
- 1997년 태국: 금융기관 부실에 제대로 대처 못한 정책당국에 대한 신뢰도 저하 및 환율정책 실패 위기 촉발
- 1990년대 러시아: 개방 이후 무리한 발전정책으로 끌어다 쓴 외자의 급격한 유출
- 1980년대 미국 저축대부조합 사태: 저축대부조합의 무리한 영업에 대한 감독 실패 후 건설 부실의 전이

〈장기 경기침체형〉
- 1960년대 스위스: 오랜 경기 침체로 자금 경기가 침체 국면에 접어들게 되자 자금차입자들의 부도가 증가, 그 결과 금리가 오르고 부도 사태가 더욱 확산

〈위기전염형〉
- 1997년 인도네시아: 태국 바트화 폭락 영향으로 통화 가치 동반 폭락
- 1970년대 독일: 자유변동환율 제도 도입 이후 유럽 지역 환율 급변 영향에 따른 환차손 발생으로 은행 연쇄 파산

[그림 2-1] **과거 경제위기 유형 구분**

을 갚지 못하는 사람들이 속출했고, 이는 고스란히 공격적인 성향의 금융사 등 채권 투자자들의 손실로 이어졌다. 이 같은 손실은 결국 금융사들의 연쇄 파산으로 이어졌고 금융위기를 가져왔다.

구조화 상품은 규제완화를 핵심으로 하는 신자유주의 체제의 상징과도 같았다. 자유로운 분위기 속에서 복잡한 금융공학을 거쳐 탄생한 뒤 금융산업을 급성장시켰고, 부동산 등 실물경기를 부응시켰기 때문이다. 신자유주의자들은 "구조화 채권이 없었다면 신용도가 낮은 사람들은 주택담보대출을 얻을 수 없었고 부동산 경기 호황도 없었다"고 단언했다. 하지만 이로 인한 거품은 감당할 수 없을 정도로 커졌고 결국에는 터지고 말았다.

금융위기 전파 과정

금융사 파산으로 시작되는 금융위기는 자주 실물위기로 이어진다. 그 경로는 크게 4가지이다. 자금시장의 금리, 외환시장의 환율, 주식시장의 주가, 대외시장의 세계경기가 그것이다. 4가지 경로로 유발된 실물위기는 소비 투자 침체를 불러오고 결국에는 고용과 성장을 동반 침체시켜 복합 불황으로 이어진다. 4가지 경로 중 어떤 경로의 영향이 가장 큰지는 국가 유형에 따라 달라진다.

우선 경제가 튼튼하지 못해 외부 요인에 자주 휘둘리는 '위기전염형' 국가들은 환율에 의한 영향을 가장 크게 받는다. 이 국가들은 글로벌 위기가 터지면 외국인 투자가들이 가장 먼저 자금을 빼내가는 나라들이다. 손실을 우려해 투자했던 돈을 유출시키는 것이다. 이때 유출되는 돈은 달러이고 이에 따라 달러가 부족해지면 환율은 급등한다.

환율이 크게 오르면 자국 통화로 환산한 수입 물가가 오르고 이는 물가 상승을 유발한다. 이는 소비를 위축시키면서 실물위기를 불러온다. 또 환율 상승은 자국 통화로 평가한 외채 부담을 가중시켜 국가와 기업이 빚을 갚지 못할 것이란 우려를 확산시킨다. 이렇게 되면 자금 유출이 더욱 가속화되면서 돈이 부족해져 실제로 빚을 갚지 못하는 외환위기가 발생할 수 있다. 아시아 국가들이 여기에 해당한다.

수출의존도가 높은 국가들은 세계경기 악화와 주가 하락을 통해 실물위기를 겪는 경우가 많다. 금융위기에 따른 세계경기 악화가 수출 감소를 유발해 직접적으로 경기를 위축시키고, 이것이 기업 실적 악화를 유발해 주가를 떨어트리는 것이다. 주가 하락은 자산가치 감소를 통해 소비심리를 악화시키고 결국에는 내수까지 침체시킨다. 대표적인 나라가 일본이다.

일본은 금융위기 기간 수출기업들의 실적 악화가 큰 문제였다. 이를 염려한 일본 금융권은 기업 대출을 주저했고 이는 기업 상황을 더욱 어렵게 하는 악순환을 몰고 왔다. 일본 중앙은행 발표에 따르면 금융위기 당시 일본 기업들이 인식하는 자금 사정은 장기 불황 말기인 2002년 초에 근접하는 수준으로 악화됐다. 특히 중소기업이 심각해 자금 사정 악화로 2008년 도산한 중소기업 수는 1만 5,523개에 달했다. 여기에 대기업을 합한 일본 전체 도산 기업 수는 1만 5,646개로 2007년보다 11%나 증가했다.

이 같은 기업 사정 악화는 주가 급락으로 연결되면서, 금융위기 기간 일본 가계의 주식 및 투자신탁 관련 손실은 약 124조 엔에 달했다. 이에 따라 소비심리가 빠르게 악화됐으며 소비자 태도지수는 사상 최악으로 추락했다. 여기에 주가 하락은 기업 주식을 많이 보유한 금융기관들의 자산가치 하락을 유발하기도 했다.

다음으로 경제가 특정 업종에 지나치게 의존하는 불균형 국가들은 금리 상승에 큰 충격을 받는다. 위기가 터지면 흔히 금리가 급등한다. 돈을 빌려줬다 떼일 것을 우려해서 높은 금리를 받으려 하기 때문이다. 이렇게 금리가 급등하면 기업과 가계는 이자 부담에 짓눌려 소비와 투자가 위축되면서 실물위기를 겪게 된다. 대표적인 경우가 영국이다.

금융 중심으로 발달해온 영국은 그 과정에서 대출이 활성화되어 가계와 기업이 많은 부채를 갖게 되었다. 금융이 발달하면서 대출을 쉽게 얻을 수 있었기 때문이다. 이 같은 상황에서 금융위기로 금리가 오르자 이자 부담이 크게 늘었고 이에 따라 빚을 갚지 못하는 경우가 속출했다. 물론 위기가 터지면 중앙은행이 대폭 기준금리를 인하하면서 이자 부담을 완화시켜주려 애쓴다. 하지만 이는 제대로 통하지 못할 때가 많고 위기는 길어진다. 실제 영국은 금융위기 기간 기업들이 이자 부담을 이기지 못해 도산하는 사례가 속출했다. 전통 유통업체인 울워스, 세계적으로 유명한 도자기업체인 웨지우드, 차(Tea)를 파는 휘타드 등 100년 전통의 영국 기업들이 속절없이 무너진 것이 대표적인 사례이다.

위기 장기화의 주범은 실업

금융위기 상황은 부실 금융사에 대한 자금 투입 등 정부 개입으로 단기간에 안정될 수 있다. 하지만 실물위기로 변질된 충격은 오래 갈 수 있다. 그 주범은 실업일 경우가 대부분이다. 금융위기로 돈을 빌리기 어려워진 기업들이 비용을 절감하기 위해 해고에 나서거나, 침체된 소비경기로 생산활동이 위축되면서 기업의 고용 여력이 떨어지면서 대량 실업 사태가 벌어지는 것이다.

이번 금융위기 때도 대량 실업 사태가 발생했다. 미국에선 금융위기가 한창이던 2009년 초 매달 20만 개 전후의 일자리가 사라지면서 실직자 수가 1,000만 명을 훌쩍 뛰어넘었다. 실업률 수치는 10%를 넘었다. 특히 고용이 불안전한 사람들을 포함해 추산한 실업률은 15%를 넘어 큰 사회 문제가 되기도 했다.

일본에서도 유사한 문제가 있었다. 일본의 노동자 가운데 상당수를 차지하는 '파견근로자(용역 회사가 일할 사람을 모집한 뒤 이를 필요한 기업에 파견하는 형태. 비정규직보다 임금이 낮은 경우가 대부분)'들이 10만 명 가까이 해고된 것이다. 이들은 공원에 텐트를 치고 사는 사실상 노숙자로 전락하면서 사회 불만 세력으로 변질되기도 했다.

이에 대해 일본 정부는 기업들이 파견근로자를 2개월 이상 의무 고용토록 하고 사전 예고 없는 해고에 대해 배상금을 지불하도록 하거나, 지방정부가 직접 나서서 주택을 제공하고 공공근로직에 자체 고용하는 등 정책 노력을 폈지만 속수무책이었다.

이 같은 실업 사태는 가계 소득에 치명타를 가져와 소비를 이중으로 침체시켜 기업활동을 더욱 위축시키는 악순환을 몰고온다. 특히 '소비의 왕국'이라 불리는 미국의 높은 실업률은 세계 경기를 침체로 몰아넣을 수 있다. 세계 각국의 수출을 위축시키기 때문이다.

왜 위기에 제대로 대처하지 못하나

위기가 터지면 무엇보다 선제적인 정부의 움직임이 요구된다. 과거에 있었던 금융위기 사례들은 초기에 신속하고 과감한 대처를 하지 못할 경우 부실이 걷잡을 수 없이 커진다는 사실을 보여준다. 따라서 이를 피하기 위해 각국 정부는 많은 노력을 한다. 하지만 충분한 대응이 이뤄지지 못할 때가 많다. 왜냐하면 재정이 빈약하기 때문이다. 특히 많은 외화 빚까지 안고 있을 경우 외국으로부터 채무 상환 압박까지 받게 돼 정부의 역할은 더욱 제한된다.

대표적인 사례로 인도네시아는 금융위기 때 유가를 대폭 인상시킨 바 있다. 서민에게 지급되는 유류보조금이 재정을 압박했기 때문이다. 이에 정부는 유류 사용을 억제시켜 보조금 지급을 줄이기 위해 유가를 인상시켰다. 하지만 이는 재정 압박은 감소시켰을지 모르나 위기의 골을 깊게 만들었다.

이처럼 빈약한 재정은 정부 채권에 대한 신뢰를 떨어트리고, 결국 채권 가격 급락으로 이어질 수 있다. 또한 정부 채권을 다수 보유한 은행의 손실로 이어지고 위기는 보다 심화될 수 있다.

앞으로 위기가 오래 지속될 것으로 보는 시각도 각국의 빈약한 재정에서 기인한다. 실제 그리스, 포르투갈, 헝가리, 스페인, 두바이 등 여러 국가들이 재정위기를 겪으면서 금융위기를 지속시키고 있다.

각국 정부가 실업에 제대로 대응하지 못하는 것은 이념적 배경 탓이 크다. 일반적으로 실업은 해고된 몇몇 사람들의 고통이다. 반면 물가가 크게 오르는 인플레이션은 경제주체 전체에 고통이 된다. 특히 금융자산이 많은 고

소득층들은 물가 상승에 따라 돈의 가치가 떨어지는 인플레이션을 가장 싫어한다. 이에 따라 '실업은 1%의 고통이지만 인플레이션은 99%의 고통'이란 생각을 갖고 있는 신자유주의자들은 실업보다 인플레이션 해소에 더 큰 관심을 가져왔고, 실업 해소에 대한 전문성은 극도로 떨어지고 말았다. 결국 신자유주의에 오랫동안 지배돼온 각국 정부는 위기 상황에서 실업을 해소하는 데 우왕좌왕한 모습을 보였고, 이에 따라 위기는 길어지고 말았다.

한국경제 위기는 어떻게 전개되었나
– 외화난, 신용경색

 한국은 글로벌 금융위기의 영향을 매우 크게 받은 나라 중 하나이다. 우선 서브프라임 채권 등에 투자했던 국내 금융기관들이 큰 손실을 입었다. 2조 원에 가까운 손실을 본 우리은행이 대표적인 예이다. 하지만 국내 금융기관들이 관련 금융상품에 얼마나 투자를 했고 어느 정도 직접적인 손실을 입었는가 여부는 2차적인 문제였다. 여기에서는 한국이 어떻게 영향을 받았는지 살펴본다.

선진화 조치가 오히려 독으로 작용
 한국이 큰 어려움을 겪은 가장 큰 이유는 국제 자본시

장 통합이 진전되면서 글로벌 자본 이동이 크게 늘었다는 점에 있다. 한국은 1997년 외환위기를 거치면서 국제통화기금(IMF) 등의 조언에 따라 자본시장 구조를 대폭 개편했다. 각종 자유화 정책이 대표적인 예이다. 이 과정에서 한국은 구조화된 금융체계를 갖췄고 외국인들의 투자도 크게 늘었다. 그리고 국내 금융기관들은 규제 완화에 따라 해외 금융기관으로부터 대규모 차입을 받을 수 있었다. 이는 국내 가계, 기업에 대한 대출 재원으로 활용됐다.

그런데 이 같은 상황이 오히려 위기를 전파하는 경로가 됐다. 위기가 터지자 외국인 투자가들은 너도나도 한국 자산을 팔기 바빴다. 외국인 스스로 당장 현금을 확보해야 할 처지에 이르면서 각종 자산을 현금화했고 이 과정에서 한국 내 자산을 대거 팔아 치웠다. 이에 따라 한국 자산 가치는 급격히 떨어졌고 외국인들이 자본을 유출하는 과정에서 달러도 급격히 빠져나갔다. 또 외국 금융기관에서 돈을 빌린 한국 금융기관들은 당장 상환 요구에 직면하게 됐다. 추가로 돈을 빌릴 수 없게 된 것은 물론이었다.

이에 따라 한국이 심각한 달러 부족에 시달릴 것이란

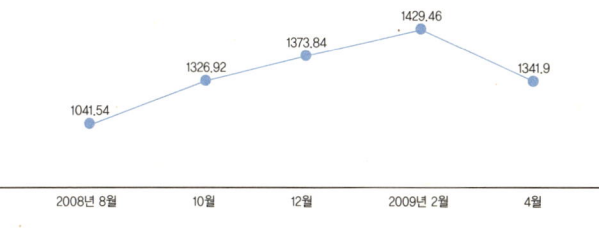

[그림 2-2] **금융위기 기간 환율 추이**
*자료: 한국은행

'의심'이 확산됐다. 이 같은 우려가 생기면서 외국인들은 달러를 더욱 유출시켰다. 계속 투자했다가는 자칫 투자한 돈을 받지 못하는 피해를 입을 수 있겠다는 생각 때문이었다. 기업들이 달러를 구하지 못해 외화 빚을 갚지 못하는 경우가 대표적인 예이다. 이에 따라 외국인들은 달러를 계속 빼내갔고 한국은 달러 부족이 무척 심각해지고 말았다.

여기에는 2008년 경상수지 적자가 발생하면서 국내 유입 외환이 감소한 것도 영향을 미쳤다. 2008년 적자는 1997년 이후 11년 만의 경상수지 적자였다. 가뜩이나 경제가 불안한 상황에서 경상수지 적자까지 발생하면서 국내 외환시장은 극심한 달러 부족 사태에 시달리게 됐다.

이에 따라 결국 원화가치가 급락하고 달러가치가 크게 오르는 환율 급등으로 이어졌다.

환율 상승에서 시작된 연쇄 충격

정부는 이 같은 사태를 조금이라도 막아보기 위해 강도 높은 시장개입을 실시했다. 외환보유고를 헐어 시장에 막대한 양의 달러를 공급한 것이다. 하지만 이는 앞으로 더 큰 문제를 유발할 수 있다는 인식으로 연결되고 말았다. 외환보유고가 바닥나 한국이 제2의 외환위기를 겪을 수 있다는 우려가 생기기 시작한 것이다.

이 같은 우려에는 한국이 아시아에 소속된 국가라는 점도 한몫했다. 아시아는 위기 전염에 취약한 지역이라는 인식이 있었고 이에 따라 한국도 불안하게 봤다. 결국 외국인들은 투자 자금을 집중 유출시켰다. 이후 원화에 대한 신뢰성이 극도로 떨어지면서 환율은 천정부지로 치솟아 1달러당 900원 하던 환율은 한때 1,500원까지 오르기도 했다. 1달러를 구하기 위해 600원이나 더 줘야 하는 상황에 직면한 것이다. 환율 상승은 다시 국가 경제가 극도로 취약하다는 신호로 읽혔고 자금 유출을 더욱 배가시켰다.

이는 곧 국내 신용경색으로 이어졌다. 자금이 해외로 빠져나가니 국내 자금이 부족해지는 것은 당연한 결과였다. 이 같은 상황에 직면한 금융기관들은 기업 대출을 줄이기 시작했다. 경제 상황이 악화되면서 은행들의 대출 심리가 위축된 것도 대출 축소의 원인으로 작용했다. 그러자 그동안 잠재되어 있던 리스크 요인들이 속속 수면 위로 부각됐다. 대출로 연명하던 기업들이 돈을 구하기 어려워지면서 파산 위기로 내몰린 것이다.

이에 따라 기업 주가는 급락하기 시작했다. 기업이 불안하니 주가가 하락하는 것은 당연했다. 이 과정에서 집값도 덩달아 하락했다. 은행 대출이 줄면서 빚을 얻어 집을 사는 일이 어려워졌고, 급하게 현금이 필요해진 개인들이 집을 내놓는 일이 늘면서 집값이 급락한 것이다. 이는 소비 여력을 줄이면서 소비 감소로 이어졌다.

위기 키운 시중금리 급등

이때 경제주체를 가장 힘들게 했던 것 중 하나가 금리 상승이었다. 위기가 발생하자 기업과 은행들은 돈을 구하기 어려워졌다. 서로가 서로를 믿지 못하면서 아무도 돈을 빌려주려 하지 않았기 때문이다.

그러자 은행들은 대규모로 은행채 발행에 나서며 돈을 구하려고 했다. 기업들도 마찬가지였다. 회사채를 발행해 돈을 구하려고 했다. 하지만 어느 누구도 채권을 사려 하지 않았다. 오히려 채권에 투자했던 사람들은 채권 매도에 나섰다. 발행 주체가 부도날 것을 우려해 채권을 시장에 쏟아낸 것이다. 이에 따라 시장에는 채권 매물이 대량으로 쌓이게 됐다.

이 같은 상황에서 살아남기 위해서는 더 많은 금리를 줘야 한다. 그래야 타인이 자기 채권을 구입하게 만들 수 있기 때문이다. 결국 채권 공급 증대는 금리 상승으로 이어졌다. 이에 따라 위기를 전후해 시중금리는 급등세를 나타냈다.

금리가 급등하면서 기업들은 이자 부담이 크게 늘게 됐다. '이자비용과 비교한 이익금'의 평균 비율은 2005년 3.0에서 2008년 1.7까지 내려왔다. 2005년에는 기업의 이익이 이자비용보다 평균 3배 정도 많았는데 2008년에는 1.7배에 불과해졌다는 뜻이다. 금리 상승에 따른 이자 부담 증가와 경기 침체에 따른 이익 감소가 겹치면서 수치가 급락했다.

이 같은 어려움은 한국 경제가 자초한 측면이 크다. 은행권은 2006년 이후 국내는 물론 해외에서 무리한 차입까지 해가며 이를 통해 연간 15~20% 증가 속도로 중소기업 대출을 늘려왔다. 외형 확대를 위한 대출 경쟁의 결과였다. 이에 따라 위기 직전 중소기업 대출 잔액은 390조 원에 이르렀다. 이 가운데는 부실 대출이 상당 부분 포함될 수밖에 없었고 이는 결국 위기가 닥쳐왔을 때 문제를 드러냈다.

대출 부실과 외채 상환 압박

이 같은 상황에서 금융위기가 터지자 은행들은 대출 부실과 해외 차입 상환 압박이라는 이중고에 시달리게 됐다. 특히 해외에서 상환 압박이 심각했다. 기존에는 해외 차입에 대한 롤오버(Roll over; 만기 연장)가 잘 이뤄졌지만 위기가 발생하자 한국 은행들에 돈을 빌려준 외국 기관들은 만기 연장을 해주려 하지 않았다. 해주더라도 높은 금리로 다시 계약하자는 곳이 많았다.

은행들이 해외 상환용 재원을 확보하기 위해서는 기업

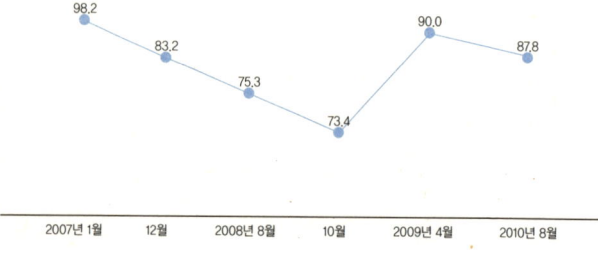

[그림 2-3] **한국 교역조건 추이**
(금융위기 기간)

대출을 회수해야 했다. 하지만 위기 상황에서 이는 쉬운 일이 아니었다. 오히려 대출을 더 해달라는 요구가 많았다. 결국 대출을 상환받는 일이 쉽지 않자 은행들은 채권을 발행하거나 또 다른 차입에 나섰고, 이 과정에서 시중 금리가 급등하는 악순환이 빚어졌다. 해외에서는 그나마 한국 채권에 대한 수요가 완전히 사라져 해외 채권 발행이 무더기로 취소되는 사태가 벌어지기도 했다.

세계 경제 침체의 영향으로 한국 경제는 수출에도 어려움을 겪었다. 전반적으로 수요가 줄다보니 수출이 줄어드는 것은 당연했으며, 수출 감소는 경기를 더욱 위축시켰다.

이처럼 금융위기 직전 한국 경제는 위기에 상당히 취

약한 구조를 갖고 있었고 결국 충격이 현실화되면서 급격한 침체를 겪게 됐다.

불안한 정부 대응

위기는 심각했지만 정부 대응은 만족스럽지 못했다. 이는 위기 초반 경제를 급속도로 어려움에 몰아넣은 원인이 됐다. 금융위기 상황에서는 국제공조가 무척 중요하다. 글로벌 위기는 어느 한 나라만 잘한다고 해서 빠져나올 수 없고 국제공조를 통해 함께 해결해야 한다. 하지만 한국은 위기 초기에 제대로 공조하는 모습을 보이지 못했다.

이 같은 국제공조에서 한국은 스스로 왕따를 자처하기도 했다. 각국이 금리 인하에 나서고 유동성 공급 계획을 발표하는 동안에도 한국은 소극적인 태도로 일관한 것이다.

리먼브러더스 파산 한 달 전인 2008년 8월에는 기준금리를 5.0%에서 5.25%로 0.25%포인트 인상하는 해프닝이 벌어지기도 했다. 물론 이때만 해도 리먼 파산 전이라 위기가 급속도로 확산되지 않았고, 물가 상승세가 만

만치 않아 인상할 필요가 어느 정도는 있었다.

하지만 금리 인상은 큰 부작용을 낳았다. 경제주체들이 한국은행의 금리 인상을 앞으로 긴축기조가 더욱 강화될 것이란 신호로 해석했기 때문이다. 이에 따라 당시 시장에서는 경기 하강속도가 빨라질 것이란 전망이 급속도로 확산됐다. 그러자 은행들은 기업 대출을 더욱 조였다. 경기가 침체되면 대출을 떼일 가능성이 커지니 대출을 먼저 중단하고 나선 것이다. 이 같은 움직임은 결국 리먼브러더스 파산 사태가 겹치면서 경제를 위기로 몰아넣었다.

리먼 파산에도 불구하고 한국은행은 한동안 금리 인하에 소극적으로 대처했다. 물가 상승이 우려된다는 이유로 끝까지 버티려 한 것이다. 이에 따라 서구 중앙은행이 재빨리 금리를 대폭 인하하는 동안 한국은행은 별 대응을 하지 않았다. 하지만 위기가 걷잡을 수 없을 만큼 심각해지자 10월 말에 가서야 대폭 인하를 단행했다. 이 과정에서 경제는 큰 충격을 받았다. 적절한 사전조치와 사후대응이 필요한 상황이었는데 미적대다 시간만 소비했던 것이다.

이처럼 대응이 늦으면서 한국은 여러 난관에 봉착했다.

환율 급등과 함께 한국 경제에 대한 의구심이 확산되면서 한국 정부나 기업이 발행한 채권 금리는 두 자릿수로 치솟았다. 한국을 믿을 수 없어 높은 금리를 받지 않고는 채권을 살 수 없다는 외국인의 심리가 확산된 결과였다.

그러자 정부는 위기의식을 느끼기 시작했고 국제공조를 위한 활동을 뒤늦게 시작했다. 강만수 기획재정부 장관이 IMF 및 세계은행 연차총회에 참석해 G7 중심의 국제 금융 공조에 신흥국도 동참할 수 있도록 해달라고 요구한 것이 대표적인 예이다. 신흥국이 국제공조에서 소외되면 신흥국이 금융불안에 빠지고 이는 선진시장에도 악영향을 미칠 것이란 논리였다. 강 장관은 특히 국제공조의 범위를 G7에서 G20까지 넓히자고 역설했다.

또 이명박 대통령은 세계지식포럼에서 새로운 국제금융기구 창설을 제안했으며, 기획재정부는 한중일 공조체계를 마련하고 회원국에 외화난이 발생하면 지원할 수 있도록 800억 달러 규모의 공동기금을 만들자는 제안을 하기도 했다.

이 같은 노력에 따라 G20 회의가 생기는 등 성과가 있었다. 하지만 이는 한국의 제안에 따라 만들어졌다기보다 선진국들의 필요에 의해 설립된 측면이 크다. 결국 뒤

늦은 대응에 따라 한국은 전반적으로 큰 효과를 보지는 못했다.

현재는 정부의 금융회사에 대한 자금 지원, 기업 구조조정 등 노력으로 경제는 많이 정상화된 상태이다. 또 크게 오른 환율이 역설적으로 경상수지 흑자를 가져오면서 기업 실적 개선으로 이어졌다. 또 위기 이후 경상수지 흑자 등을 통해 달러가 대폭 유입되면서 환율도 많이 안정되어 있다.

앞으로 한국은 G20을 잘 이용해야 한다. 특히 향후 새로운 국제 경제질서에서 한국의 위상을 높이고 위기에 안정적인 경제체제를 구축하기 위해서는, 관련 논의에 대해 철저히 전략적인 방향으로 접근할 필요가 있다.

위기, 먼저 알아챌 수 없을까?
– 신호접근법으로 보는 위기 판별법

　20세기에는 유난히 외환위기, 금융위기가 많이 발생했다. 1920~1930년대 대공황을 필두로 1970년대 오일쇼크로 인한 장기불황, 1994년 멕시코 외환위기(일명 테킬라 위기), 1997년 후반 동아시아를 휩쓴 외환위기(Asian Flu), 이후 21세기로 접어들어서는 2008~2009년 글로벌 금융위기까지 많은 위기가 발생했다. 이 가운데 대공황과 글로벌 금융위기는 전 세계를 괴롭힌 전대미문의 위기였다.

　그런데 이 같은 위기를 사전에 판별할 수는 없을까? 만일 위기를 미리 알아챌 수 있다면 위기에 대비할 수도 있을 것이다. 일반 독자들도 해볼 수 있는 방법으로 '신호접근법'을 소개한다. 신호접근법은 위기를 유발할 수 있는 여러 경제변수들을 선정해 움직임을 관찰한 후 위기를 예측하는 방법이다.

위기를 사전에 판별하는 '신호접근법'

방식은 간단하다. 위기신호를 보내는 변수들이 많으면 많을수록 위기 발생 확률이 높아지는 것으로 해석한다. 또 위기 징후의 지속 시간도 중요하다. 한꺼번에 많은 경고등이 켜지더라도 짧게 켜지면 위기가 찾아오지 않고, 적은 수의 경고등이 켜졌더라도 지속적으로 켜지면 위기가 발생할 수 있는 것이다. 방범을 위해 설치한 경보기가 짧게 울리다 그치면 오작동일 가능성이 크지만, 오랜 시간 울리면 실제 도둑이 들었을 확률이 높은 것과 유사하다.

예측의 신뢰성을 확보하기 위해 가장 중요한 것은 적절한 변수의 선정이다. 1990년 이후 한국 경제, 특히 1997년 외환위기 때의 한국 경제를 분석해보면 '교역 조건'과 '유동성 증가율'이 중요한 지표로 나타난다. 1996년 8월 이후 교역 조건은 역사적으로 하위 2.5%에 포함될 정도로 악화되어 있었다. 반면 국내총생산 대비 유동성 증가율은 유례가 없을 정도로 높았다.

결국 이 2가지 지표를 잘 추적하면 위기 징후를 사전에 발견할 수 있다. 이 밖에 전문가들은 실질환율, 외환보유고 대비 국내 유동성 비율, 실질생산 등을 위기 예측력이 높은 변수로 추천하고 있다.

주요 지표에서 1997년 외환위기 당시에는 1개의 지표가 오랜 시간 불안한 흐름을 나타내다 위기가 정점에 이르렀을 때 3개의 지표가 극도로 악화된 것으로 나타났다. 또 2000년 IT 버블 붕괴와 2003년 신용카드 대란 시기에는 2개의 지표가 악화된 모습을 나타냈다. 아래 내용은 위기를 사전에 감지할 수 있는 대표적인 지표에 대한 설명이다.

한국 경제 위기의 압축판 '교역조건'

교역조건은 수입가격지수와 비교한 수출가격지수이다. 수출가격이 상대적으로 많이 올라 교역조건이 개선되면 수출을 통해 많은 돈을 벌 수 있어 경제 상황이 개선된다. 반면에 수입가격이 상대적으로 많이 올라 수입 부담이 증가하면 경제 상황은 악화된다. 교역조건 악화는 연쇄적인 경제위기 반응의 출발점이다. 실제로 최근 한국 경제 데이터를 점검해보면 경제위기 이전에는 항상 교역조건 악화가 선행됐다.

수출입 물량에 큰 변동이 없을 경우 교역조건 악화는 곧바로 경상수지 적자로 연결된다. 평균수출가격과 비교한 평균수입가격이 올라 상대적인 수입액이 급증하기 때문이다. 이는 곧 외국에 지급할 목적의 외환수요 증가로 이어진다. 외환수요가 증가하면 상대적으로 외환의 가치가 오르고 원화가치는 하락한다. 즉 환율이 상승한다.

원화가치 하락은 물가 상승으로 이어진다. 예를 들어 달러당 환율이 1,000원에서 2,000원으로 오르면 1달러짜리 물건의 국내 가격도 1,000원에서 2,000원으로 오른다. 이를 막기 위해 많은 경우 정부는 환율 상승을 제어하게 된다. 환율 상승을 막기 위해서는 외환보유고를 통해 시중에 달러를 풀어야 한다. 그래야 달러 품귀 현상을 막아 환율을 안정시킬 수 있다.

정부가 환율 안정에 나서면 외환보유고는 급격히 감소할 수밖에 없다. 이는 곧 환율 방어에 대한 회의로 이어진다. 외환보유고가 바닥나면 더 이상 환율 안정을 이룰 수 없을 것이란 기대가 퍼지고 이에 따라 외국인 투자가들은 앞으로 가치가 떨어질 것이 분명한 원화를 내다 팔게 된다. 이는 결국 환율 급등으로 이어진다.

환율이 급등하면 원화로 환산한 외채 부담이 늘게 된다. 외채 부담 급증은 기업과 은행의 수익과 건전성에 악영향을 미치게 된다. 이에 따라 경제가 침체되고 소비 주체들의 소비까지 줄면 경제는 총체적인 위기에 빠질 수 있다.

금융위기 직전인 2008년의 교역조건은 2005년을 기준으로 20% 가까이 악화되어 있었다. 이는 1970년대와 1980년대 1, 2차 오일쇼크에 준하는 수준이었다. 결국 교역조건이 글로벌 금융위기에 따른 한국 경제의 위험성을 미리 경고하고 있었던 것이다.

국내신용

교역조건이 실물 위기 가능성을 압축한다면 GDP와 비교한 유동성(시중 자금) 급증은 금융 위기 가능성을 대변한다. 적절한 유동성 증가는 주택, 주식 등 자산 가격을 끌어올려 경기를 진작시킨다. 하지만 증가세가 지나치다 큰 파열음을 내며 거품이 터지면, 경제는 급격히 균형으로 돌아가고 이 과정에서 경기는 크게 냉각된다.

외환위기 당시 유동성 급증 문제는 1996년 8월부터 불거졌다. 2001년 IT버블 붕괴, 2003년 신용카드 대란 때도 유동성 문제는 심각했다. 2009년 글로벌 금융위기 당시 유동성 급증 문제는 2008년 1월부터 심각해졌다. 2008년 초 위기 징후가 나타났던 것이다. 주로 주택담보대출, 부동산 프로젝트파이낸싱(Project Financing: PF) 대출 등을 통해 유동성이 크게 증가했다.

유동성 문제는 지속성이 중요하다. 1997년 외환위기 당시 유동성 급증으로 인한 충격의 지속기간은 2년에 가까웠다. 반면 2000년, 2003년, 2006년 경고등은 상대적으로 짧은 시간 점멸하는 데 그쳐 큰 위기로 번지지 않았다. 그러나 2009년 위기 이전에는 지속기간이 상대적으로 길었고 이에 따라 큰 위기가 한국 경제를 덮쳤다.

유가 상승

유가 상승도 중요한 판별 지표 중 하나이다. 석유 매장량에 한계가 있는 상황에서 유가는 장기적으로 상승세를 보일 수밖에 없다. 하지만 단기간 급등에는 많은 왜곡 상황이 내포되어 있다. 세계 경기가 극도로 과열되면서 석유에 대한 수요가 급증했거나, 앞으로 석유 가격 상승을 예상한 투기적 수요가 몰렸다는 뜻이기 때문이다.

2009년 글로벌 금융위기 직전 유가는 배럴당 150달러 수준까지 치솟아 있었다. 평소 가격의 3배였다. 이는 세계 경제에 극도로 거품이 꼈다는 사실을 방증하는 경고였다.

유가 상승은 당연히 물가 상승 압력으로 이어진다. 물가 상승은 파급력이 오래 간다. 임금 상승, 공공서비스 가격 인상으로 연결돼 오랜 기간 지속될 수 있다. 특히 물가 상승 충격이 거품 붕괴와 맞물리면 정부는 제대로 대처할 수 없다. 거품이 붕괴돼 특정 부분에 충격이 오면 이 부분에 자금을 공급해 문제를 해결해야 한다. 하지만 물가가 크게 오르는 상황에서 이 같은 정책을 사용하면 물가 상승을 더욱 배가시킨다. 이에 자금 투입 정책을 쓸 수 없게 된다.

이런 상황이 금융위기 직전 미국에서 발생했다. 2008년 초 미국은 양대 국책 모기지(Mortgage; 장기주택대출) 회사인 패니메이와 프레디맥의 유동성 위기 문제가 불거졌지만 물가 상승을 우려해 제대로 대처하지 못했다.

단기외채

한국 경제의 특수 상황 하에서 가장 중요한 지표 중 하나가 단기외채 증가 정도이다. 1997년 외환위기 이후 한국 경제의 대외채무는 줄곧 감소해왔다. 1997년 2분기 말 1,800억 달러에 달했던 대외채무는 2001년 4분기 말 1,300억 달러로 줄었다. 특히 2000년 2분기 말을 기점으로 한국은 순대외채무국에서 순대외채권국으로 전환하기도 했다. 외국에서 빌린 돈보다 빌려준 돈이 더 많아졌다는 뜻이다.

대외채무가 다시 증가한 것은 2003년이다. 하지만 문제는 그리 심각하지 않았다. 2006년까지 연평균 9.9%의 완만한 증가세를 보였기 때문이다. 문제가 불거진 것은 2006년 1분기부터였다. 이때를 기점으로 대외채무가 크게 늘기 시작해 2006년과 2007년에 걸쳐 기록한 연평균 채무 증가율은 42.6%에 달했다.

특히 문제가 됐던 것이 단기외채 증가율이다. 2006년과 2007년 사이 기록한 증가율은 무려 55.9%에 달했다. 이에 따라 다시 단기 지급능력에 대한 우려가 불거졌다. 외채가 급증한 원인은 외국은행 국내지점들의 국내 투자 재원 확보용 등에 있었다.

연체율

은행 대출 연체율 증가도 중요한 지표 중 하나이다. 2009년 위기 직전 가장 문제가 됐던 부분은 중소 건설업이었다. 부동산 경기 침체로 미분양이 늘면서 대출 연체가 급증했다. 인플레이션 악화에 따라 금리가 상승하면서 대출 상환의 어려움이 가중된 영향을 받기도 했다. 이 같은 위험은 추후 전체 중소기업으로 확산됐다. 특히 대출 연체에 따른 중소기업의 파산이 속출하면서 저축은행 등의 부실로 이어지기도 했다.

구체적인 수치를 보면 2008년 5월 기준 중소기업 대출 연체율은 1.6%에 달했다. 이는 중소기업 대출 가운데 1.6%가 제때 상환되지 못했다는 뜻이다. 이전까지 1% 전후의 안정적인 흐름을 보였지만 0.5%포인트 이상 상승했다. 이에 따라 당시 시중은행 대출 연체 잔액은 6조 5,000억 원으로 한 달 새 5,000억 원이 늘기도 했다.

회사채와 국고채 금리 차이

기업들이 발행하는 회사채와 국가가 발행하는 국고채 금리의 차이도 위기를 판별할 수 있는 중요한 지표이다.

일반적으로 회사채 금리는 국고채 금리보다 높다. 아무래도 국가보다는 기업의 부도 위험이 크기 때문이다. 그런데 위기가 찾아오면 이 같은 차이는 더욱 벌어진다. 기업에 대한 신뢰가 더욱 떨어지는 반면, 부도 위험이 상대적으로 낮은 안전자산에 대한 선호도가 확산되면서 회사채보다는 국고채를 보유하려 하기 때문이다. 회사채를 발행하기 위해서는 예전보다 훨씬 높은 금리를 줘야 하고 이에 따라 회사채 금리는 무척 높아진다. 격차를 전문용어로 '스프레드(Spread)'라 하는데 회사채와 국고채 금리의 스프레드는 위기가 심화될수록 커진다.

해외 요인

다른 나라의 위기 발생 여부도 중요한 관찰 요인이다. 특정국의 위기는 해당국만의 문제에 의해 발생하는 경우가 대부분이다. 하지만 세계 경제 전체적으로 문제가 있고 이 같은 문제가 특정국에서 먼저 표출됐을 가능성이 있다. 세계 경제 전반에 거품이 끼어 있었지만 미국에서 먼저 터진 이후 글로벌 경제위기가 발생한 것이 대표적인 사례이다. 이에 특정국에 위기가 발생하면 한국 경제에 유사한 문제가 없는지 반드시 살펴봐야 한다.

이 경우 위기가 한국 경제에 얼마나 영향을 미칠지는 해당국과의 무역거래 규모, 건설회사 등 한국 기업의 현지 진출 현황, 상대국 기업의 한국 진출 상황, 양국 금융회사의 거래관계 등을 살펴봐야 한다. 관계가 깊을수록 한국 경제에 미치는 영향이 크다. 또 직접적인 관계는 크지 않더라도 특정국의 위기가 세계 금융시장에 타격을 미치면서 한국 경제가 간접적인 영향을 받을 수 있다. 특히 경기 침체기에 발생하는 위기는 한국 경제에 보다 큰 영향을 미칠 수 있다. 2009년 말 금융위기 끝자락에서 터진 두바이의 경제위기가 대표적인 사례이다. 이때 주가가 급락하는 등 한국 경제도 큰 영향을 받은 바 있다.

다우존스(Dow Jones)지수로 본 금융위기의 깊이

터널은 빠져나와 봐야 그 길이를 가늠할 수 있다. 위기도 마찬가지이다. 위기 속에 있을 때는 현재 위치가 어딘지 판별하기 어렵다. 하지만 과거 위기와 비교해보면 어느 정도는 위치를 짐작할 수 있다.

이를 알아보기 위해 지난 100년간 각종 통계 자료를 점검해봤다. 산업생산지수, 경기종합지수 등이 대표적인 통계 자료이다. 하지만 대부분의 자료는 시간이 흐르면서 작성 방법이 달라지는 등 일관성을 담보하기 어려웠다. 이에 가장 일반적이지만 경기에 가장 민감하게 반응하고 일관성도 확보되는 주가를 활용해 지난 위기와 이번 글로벌 금융위기를 비교해봤다.

금융위기 직전 주가(미국 다우존스지수 기준)가 최고치를 기록한 것은 2007년 10월이었다. 그로부터 16개월이 흘러 위기가 정점에 이르렀던 2009년 2월의 주가 하락률을 계산해보니 43.6%가 나왔다. 반 토막이 난 것이다.

1970년대 오일쇼크 당시 최고점부터 16개월 후 주가 하락률은 10.6%였다. 또 2001년 IT버블 붕괴 당시 최고치 시점 이래 16개월 후 주가 하락률은 22.7%였다. 같은 기간을 지내오는 동안 고통이 몇 배가 더 컸다는 사실을 보여준다.

유일하게 1929년 대공황 기간 최고점 이후 16개월 주가 하락률이 56.7%를 기록하며 이번 위기의 고통 수준을 넘어섰다. 하지만 이번 위기는 시간이 지날수록 주가 하락폭이 커졌다는 데 문제가 있었다. 이에 기간이 더 길어질 것이란 우려가 많았다. 대공황의 경우 저점을 치고 주가가 상승 기조에 접어들기까지 2년 10개월이 걸렸다. 이때까지 하락률은 88.7%에 달했다. IT버블 붕괴 때는 2년 1개월이 걸렸고 최종 하락률은 32.3%를 기록했다. 1차 오일쇼크 때는 IT버블보다 큰 36.7% 하락률을 기록했지만 11개월 만에 저점을 찍는 V자형 회복세를 보였다.

현재는 위기가 어느 정도 끝난 듯 보인다. 이에 대공황 때처럼 심각한 주가 하락은 발생하지 않고 있다. 하지만 언제 다시 문제가 불거지면서 주가가 하락할지 알 수 없다. 문제가 다시 심각해지지 않기를 바랄 뿐이다.

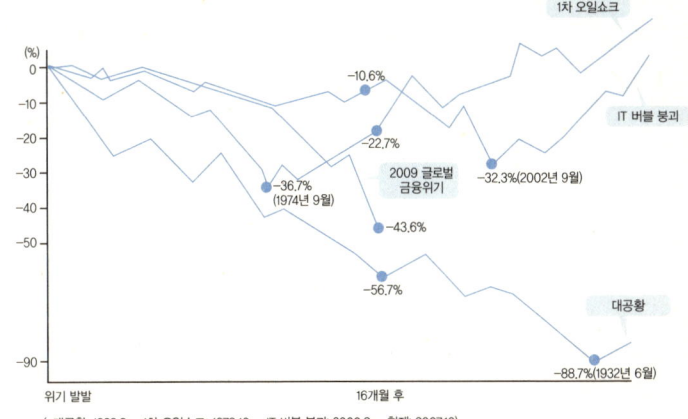

[그림 2-4] **위기별 고점 대비 주가 하락률 비교
(미국 다우존스지수 기준)**
*자료: 한국은행 통계시스템

Seven Days Master Series

step 3

정부와 국가 경제

경기 침체 시 정부 개입은 만고불변의 진리?
− 재정승수, 정책무력성 명제, 정책결합, 정책시차

정부 경제 정책의 가장 중요한 목적은 경기 안정에 있다. 경기가 침체되면 이자 부담을 완화해 소비와 투자가 늘 수 있도록 금리를 내리고, 추가로 정부 지출을 실시해 경기를 회복시킨다. 반대로 거품이 생길 정도로 경기가 뜨거우면 금리를 올리고 정부 지출을 줄여 성장 속도를 제어한다.

정부는 지난 금융위기 기간 이 같은 활동을 활발하게 했다. 2008년 말 28조 9,000억 원의 추가경정예산안을 편성해 일자리 창출, 저소득층 생활안정, 중소기업 지원 등에 투입했다. 또 자칫 부동산 위기로 이어질 수 있는 지방 아파트 미분양 해소를 위해 미분양주택 취득 시 양도세 감면 등의 조치를 실시하기도 했다.

 이 같은 추세는 2010년에도 이어지고 있다. 정부는 경기 회복추세를 공고히 하기 위해 2010년 전체 예산 255조 3,344억 원 가운데 43%인 109조 7,568억 원을 1분기(1~3월)에 집행했다. 2분기까지 합쳐 상반기에 집행된 예산은 전체 예산의 70%에 달했다. 정부는 이를 통해 각종 지출을 실시하면서 경기 회복을 추구했다.

 그런데 정부 개입은 각종 부작용을 몰고 오는 것도 사실이다. 그래서 지나친 정부 개입은 금물이란 지적도 많다. 왜 이런 비판이 나오는 것일까?

정부 개입 효과와 재정승수

 정부 개입은 민간의 경제활동을 제약하는 효과가 있다. 우선 정부 공사를 늘리면 원자재 가격이 올라간다. 또 정부가 재원을 마련하기 위해 자금 시장에서 채권을 발행하면 돈을 구하려는 경쟁이 격화된다. 자금 차입시장에 정부까지 뛰어드니 경쟁이 심화되는 것이다. 이 같은 경쟁은 돈의 가격인 이자율을 올린다. 이는 민간 기업들의 이자 부담을 증가시켜 경제활동을 위축시키고 정부 개입 효과를 떨어트린다.

이와 관련 정부 개입이 얼마나 효율적인지를 살펴볼 수 있는 지표가 있다. '재정승수'이다. 재정승수란 정부지출 증가분을 GDP 증가분으로 나눠준 수치이다. 예를 들어 정부지출을 10억 원 늘렸더니 GDP가 10억 원 증가했다면 재정승수는 1이 나온다. 보통 정부지출이 실시되면 그 효과는 2~3년에 걸쳐 나타나는데 이 기간 정부지출을 통해 증가한 GDP를 정부지출로 나누면 재정승수를 구할 수 있다.

이러한 재정승수가 1 이상이면 재정정책이 효과적이라고 할 수 있다. 1 미만이라면 정부지출을 늘렸는데 GDP 증가분은 이에 못 미쳤다는 의미이다. 이를테면 10억 원을 빌려 10억 원을 투입했는데 GDP 증가분은 8억 원에 머무는 식이다. 이런 상황이라면 돈을 빌린 보람이 없게 된다. 빌린 10억 원은 언젠가 갚아야 할 빚인데, 효과가 10억 원에 못 미쳤다면 괜히 채무 부담만 늘린 것이기 때문이다.

조세 감면도 정부지출 확대 효과를 낸다. 정부가 세금을 덜 거둠으로써 민간이 더 쓸 수 있도록 만들어 경기 확장 효과를 내는 것이다. 이때 효과를 알 수 있는 지표

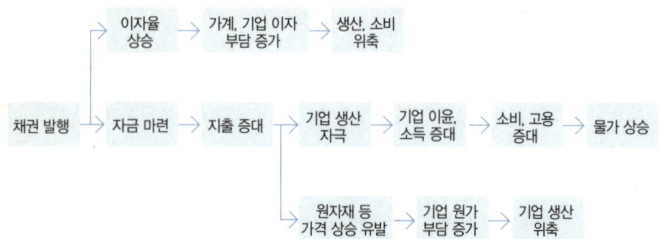

[그림 3-1] **정부 개입 효과**

가 '조세승수'이다. 세금을 10억 원 감면했더니 GDP가 10억 원 늘었다면 조세승수는 1을 기록하게 된다.

그렇다면 한국 경제의 재정승수와 조세승수는 어떨까? 삼성경제연구소 연구 결과에 따르면 조세승수는 상황에 따라 0.47~0.81이다. 또 재정승수는 0.62~1.24이다. 대부분의 시기에서 정부지출을 늘리거나 조세를 감면한 것과 비교해 GDP 증가는 기대에 못 미쳤다. 효율성이 무척 떨어진 것이다. 그나마 수치상 조세감면보다는 재정지출이 보다 효과적이다. 재정지출을 위해서는 채권을 발행해 돈을 마련해야 하는데, 같은 돈이라면 세금을 줄이는 것보다 채권을 발행해 지출에 사용하는 것이 나은 것으로 나타나고 있다. 조세승수가 1에 못 미치는 것은 조세를 감면해주는 만큼 소비와 투자가 증가하는 것이 아니라 일부는 저축으로 돌아가면서 민간의 잔고에 머무르는 효과가 있기 때문이다.

'정책 무력성 명제'

시장의 자체 기능을 신봉하는 사람들은 이 같은 점을 들어 정부 정책이 효과가 없다고 주장한다. 인간이 완전하게 합리적이며, 모든 정보를 다 알고 있다면 정부 정책은 전혀 통하지 않는다. 정부가 지출을 늘리고 중앙은행이 금리를 내리면 결국 물가가 상승하는 등 각종 부작용이 발생할 것이란 사실을 예상할 수 있기 때문이다.

이 같은 상황에서 확장 정책을 사용하면 기업은 물가 상승에 대응해 즉시 생산물 가격을 올리고, 노동자는 실질임금 하락을 막기 위해 즉시 임금 인상을 요구하면서 경기 확장 효과는 전혀 없을 수 있다. 대신 물가만 상승하게 된다. 이 같은 현상을 '정책 무력성 명제'라 한다. 또 금리를 내리고 유동성을 공급해봤자 경기는 나아지지 않고 유동성이 증가한 만큼 물가만 올라가는 현상을 '화폐의 중립성'이라 한다. 화폐 공급 변화가 경기에 영향을 미치지 못한다는 의미이다.

이를 신봉하는 자유주의 학자들은 정부 개입이 아무런 효과가 없다고 비판한다. 나아가 경기가 일시적으로 악화되더라도 경제는 어차피 정상 수준으로 회귀하는 능력을 갖고 있으니 정부는 개입하지 말라는 것이 이들의 주장이다. 시간에 차이가 있을 뿐 경제는 결국 균형으로 돌아가게 돼 있으니 개입이 필요 없다는 설명이다.

특히 어떤 경제정책을 실시하기 위해서는 추후 벌어질 효과를 예상하기 위해 각종 전제 조건을 감안해야 하는데, 경제 상황에 따라 전제 조건은 언제든지 바뀔 수 있다. 예를 들어 정부 공사를 실시하면 100명의 고용 창출 효과가 있다고 봤는데, 어떤 변수가 개입되면서 창출 효과가 50명에 불과해질 수 있다. 이렇게 되면 개입의 정당성은 상당히 떨어진다.

이러한 상황에서 정부 개입이 잦을수록 경제주체들은 정책을 믿지 않게 된다. 정부가 개입해봤자 어차피 물가만 더욱 올려놓을 뿐 확장 효과가 없다는 사실을 경제주체들이 인지함에 따라 정부정책에 전혀 호응을 하지 않는 것이다. 이렇게 되면 대규모 경기 침체가 발생해 정부 개입이 정말 필요해진 상황에서도 정책 약발이 떨어질 수 있다.

이보다는 잦은 개입을 삼가고 반드시 개입해야 할 때 개입해 정책 효과를 극대화하는 것이 낫다는 지적이 많다. 또 경기침체는 조절의 대상이 아니라 그 자체로 하나의 균형이란 의견도 있다. 이들은 정부에게 "경제주체들을 상대로 정확하게 내용을 공개한 뒤 경기 조절은 포기하고 물가 안정에나 매진하라"고 얘기한다. 유동성을 늘리고 줄임에 따라 경제주체들이 경제활동 패턴을 바꾸면 물가는 움직일 수 있기 때문이다. 특히 정부가 자주 개입해 스스로 신뢰를 떨어트리면 물가 안정 능력조차 떨어트릴 수 있으므로 절대 개입해선 안 된다는 것이 자유주의자들의 주장이다.

정책한계와 정책결합

자유주의자들의 주장대로 경제가 균형으로 돌아가는 힘이 있는 것은 사실이다. 하지만 큰 충격이 생기면 균형에서 이탈해 장기간 왜곡된 상태에 머무르기도 한다. 이처럼 오랜 기간 경기가 침체되면 성장 여력 자체가 감퇴해 경제가 지속적인 저성장의 늪에 빠질 위험이 있다. 특히 자유주의자들은 합리적인 경제인들이 자체적으로 경제 균형에 도달할 수 있다고 보지만, 인간의 합리성에는 한계가 있고 정보 습득에도 제한이 있다. 또 시장은 각종 불완전성을 내포하고 있다. 이에 정부 개입은 불가피한 측면이 많다. 다만 각종 부작용이 있는 만큼 여러 보완책을 쓴다.

우선 경기 개선을 추구함과 동시에 이자율 상승을 막는 것이 목표라면, 정부지출을 늘리면서 중앙은행을 통해 기준금리를 낮춤으로써 이자율 상승 압력을 완화하는 '정책결합'을 할 수 있다. 목표가 여러 개라면 정책도 여러 개여야 한다는 '틴버겐(Tinbergen)의 법칙'에 따라 여러 정책을 한꺼번에 실시하는 것이다. 이 경우 경기 확대와, 이자율 상승 압력 완화라는 2개의 목표가 있으니 정책도 2개를 실시하게 된다. 정부지출 증대와 기준금리 인하가 그것이다. 하지만 2가지를 다 하더라도 완벽할 수는 없다. 채권 발행 증가에 따른 시장 이자율 상승을 근원적으로 막을 수 없어 중앙은행의 이자율 인하 정책의 효과가 반감되기 때문이다.

보완적으로 정부가 발행한 채권을 한국은행이 사주는 방법도 있다. 이렇게 되면 정부가 민간을 상대로 돈을 모집하지 않아도 된다. 결국 민간시장의 돈을 구하려는 수요에 영향을 미치지 않아 이자율 상승을 막을 수 있다. 또 한국은행이 보유한 자금이 정부를 통해 풀리는 효과가 발생하면서 시중에 통화 공급을 늘리는 결과를 가져온다. 이렇게 되면 이자율을 오히려 떨어트릴 수도 있다. 하지만 이 같은 방법은 물가 상승폭을 키울 수 있다. 새로운 통화가 공급되면서 시중에 돌아다니는 통화의 양을 늘리기 때문이다. 결국 어떤 정책도 한계를 벗어나긴 어렵다.

정부정책과 정책시차

정부는 간혹 임금이나 물가를 통제하는 정책을 사용하기도 한다. 경기가 침체됨과 동시에 물가가 급등하는 상황에서 정부 및 공공기관의 임금 상승률을 통제하면서 민간 기업도 임금 통제에 나서도록 독려하는 정책이 대표적인 예이다. 이렇게 하면 민간의 소비 여력이 줄어 물가상승률이 떨어지는 과정에서 원자재 가격이 낮아지고, 기업의 임금 부담이 완화돼 생산 여력이 커질 수 있다. 그러면 물가 안정과 경기 확충이란 목표를 모두 충족시킬 수 있다.

하지만 이러한 정책은 국민들의 엄청난 저항에 부딪힐 수 있다. 특히 노동자의 희생을 대가로 경제를 회복시키는 문제점이 있다. 또 상황이 진정된 후 억제됐던 임금이나 물가 상승 압력이 한꺼번에 터져 나오면 경제는 또 다른 위기를 맞을 수 있어 추천할 만한 정책은 아니다.

한편 재정정책과 통화정책은 모두 시장에 영향을 미치기까지 시차가 발생한다. 우선 정부 재정을 투입해야 하는 재정정책의 경우 결정 과정에서 오랜 시간이 걸릴 수 있다. 재원을 마련하기 위해 채권을 발행하는 데도 시간이 걸리고 때로는 국회 동의를 받아야 하는 절차를 거쳐야 할 때도 있다. 하지만 일단 실행되고 나면 효과는 바로 나타나는 편이다. 예를 들어 대규모 정부 공사를 벌일 경우 그 효과는 건설업체를 통해 경제 전반으로 파급될 수 있다.

반면 통화정책은 실행이 간편하다. 바로 '금융통화위원회(금통위)'를 소집해 금리를 인하하면 되기 때문이다. 금통위는 한 달에 한 번씩 열리지만 필요에 따라 언제든지 임시로 소집할 수 있다. 하지만 실제 효과가 발휘될 때까지는 오랜 시간이 걸린다. 기준 금리 인하가 시장 금리 하락으로 이어지기까지 복잡한 메커니즘을 거쳐야 하기 때문이다.

  이 같은 차이에 따라 경제위기가 발생하면 정부는 통화정책을 바로 실시한 뒤 이에 이어 재정정책을 실시한다. 통화정책을 통해 바로 금리를 인하한 뒤 이것이 효과를 발휘할 동안 재정정책을 펴는 식이다. 지난 금융위기 기간에도 한국은행은 임시 금통위를 열어 큰 폭의 금리 인하를 단행했고 이후 기획재정부는 각종 수습책을 실시했다.

'실질이자율을 마이너스로 만들어라'
– 비상식적 통화정책

금리를 낮추고 재정지출을 실시하는 정부정책은 보통 어느 정도 효력을 발휘하게 마련이지만 경제가 깊은 침체에 빠지면 제 역할을 하지 못할 때가 많다. 이때 중요한 것이 '실질이자율'을 마이너스로 만드는 것이다. 일본의 사례를 통해 경제가 장기 침체에 빠질 때 정부가 어떤 정책을 구사하는지 알아본다.

백약이 무효, 일본의 잃어버린 10년

경제성장률이 지속적으로 1%를 넘지 못한 일본의 잃어버린 10년은 부동산 가격 하락에서 촉발됐다. 이는 실물과 금융 불황이 함께 겹치는 '복합불황'으로 전개되면서 일본 경제를 장기간의 침체로 몰아넣었다.

일본 장기 불황의 원인은 물가가 계속 하락할 것이라는 예상 때문이었다. 이 같은 예상이 생기자 일본 경제주체들은 아무도 소비를 하려 들지 않았다. 나중에 사는 것이 이익이기 때문이었다. 결국 물가가 계속 떨어지기를 기다리면서 소비를 최대한 늦췄다. 이에 따라 일본 내 소비는 극도로 침체됐고 이 영향을 받아 생산활동도 매우 부진해졌다.

당연히 투자도 이뤄지지 않았다. 소비가 부진한 데다, 투자를 위해서는 각종 물품 구입이 필요한데 기업들 역시 물가가 더 떨어지기를 기다린 채 기자재 구매에 나서지 않았다. 결국 일본 경제주체들은 소비도 투자도 하지 않은 채 그저 돈을 쥐고 있으려고만 하게 됐다.

물가 하락은 기업의 실질 부채 부담을 키우기도 했다. 물가가 하락한다는 것은 화폐가치가 상승한다는 것으로 화폐로 평가되는 부채의 실질가치도 끌어올린다. 자동차 10대를 팔면 갚을 수 있었던 1억 원이 자동차 가격이 하락하면서 자동차 20대를 팔아야 갚을 수 있는 수준으로 올라가면 그만큼 1억 원의 부채 부담은 커진 것이다. 이

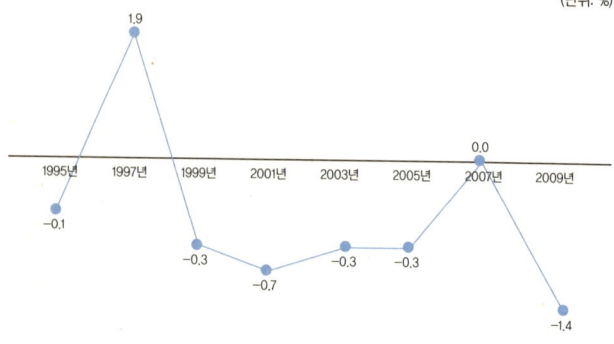

[그림 3-2] **일본 물가 상승률 추이**
*자료: 일본은행

에 기업들은 빚내기를 주저했고 이는 투자를 더욱 축소시켰다.

이 같은 상황을 타개하기 위해서는 미래 물가가 크게 올라갈 것이란 예상을 경제주체들에게 심어줘야 한다. 그래야 물가가 더 오르기 전에 사두자는 심리가 생기면서 소비와 투자가 살아난다.

이를 위해 중앙은행은 기준 금리를 극단적으로 낮출 때가 많다. 이 과정에서 중앙은행은 시중에 유동성을 큰 폭으로 공급한다. 그래야 돈의 가격인 이자율이 떨어지기 때문이다. 이는 물가 상승을 유발할 수 있다. 재화의 양은 그대로인데 돈의 양만 늘면 돈으로 평가한 재화의 가격이 올라가기 때문이다. 이를 위해 일본은 장기불황 동안 '제로금리'를 유지했다.

불황 탈출에 중요한 마이너스 실질이자율

이렇게 해서 일본 정부는 '실질이자율'을 마이너스로 만들려고 했다. 실질이자율은 명목이자율에서 물가상승률을 빼준 값이다. 우리가 지표상으로 확인할 수 있는 명목이자율을 가능한 한 낮추고 물가상승률을 높이면 물가상승률이 명목이자율보다 커지면서 실질이자율이 마이너스가 된다.

이는 곧 은행에 예금해 명목이자율에 따른 이자를 받아봤자 물가상승으로 인해 돈의 가치가 떨어지는 것을 감안하면 손해라는 것을 뜻한다. 이 같은 상황이라면 기업은 돈을 들고 있기보다 투자에 나서게 된다. 돈을 들고 있으면 손해지만 투자를 통해 물건이라도 더 만들 수 있게 되면 추후 경기가 좋아질 때 수익을 창출할 수 있기 때문이다.

또한 소비자들은 소비에 나서게 된다. 예금을 해도 실

질적으로 손해를 보는 상황이니 물건이라도 구매해 갖는 것이 나을 수 있기 때문이다. 결국 이 같은 과정을 거쳐 소비와 투자가 활발해지면서 경기 침체에서 벗어날 수 있다. 이 같은 과정으로 인해 실질이자율이 마이너스를 기록하는 순간 경기는 갑자기 좋아질 수 있다. 이를 위해서는 가급적 물가상승률이 높아야 한다.

그런데 이 같은 대책이 통하지 않을 때가 있다. 물가가 '급격히' 하락할 때이다.

아무리 금리를 낮춰도 명목이자율은 '0'보다 낮아질 수 없다. 마이너스로는 금리를 낮출 수 없는 것이다. 금리가 마이너스를 기록한다는 것은 우리가 은행에 돈을 맡기면 거꾸로 은행에 이자를 줘야 한다는 뜻이다. 이 같은 일은 발생할 수 없다. 그런 일이 생긴다면 모두가 차라리 집에 현금을 쌓아두기 때문이다. 결국 금리를 낮출 수 있는 것은 제로까지이다.

하지만 물가상승률은 마이너스가 가능하다. 이렇게 하면 실질이자율은 플러스를 기록한다. 예를 들어 기준금리가 0이고, 물가상승률이 -3%라면 0에서 -3%를 빼준 실질이자율은 3%가 나온다. 이렇게 되면 물가가 하락하는 만큼 돈의 가치는 올라가므로 아무런 이자를 받지 못하더라도 돈을 쥐고만 있으면 계속 이익을 볼 수 있다.

일본은 장기 불황 기간 이 같은 상태에 빠져 있었다. 기준금리를 제로로 내리면서 유동성을 계속 공급하는 정책을 펼쳤지만 물가가 계속 하락하면서 실질이자율이 계속 플러스를 나타낸 것이다. 이에 따라 일본 경제주체들은 제로 금리에도 불구하고 소비와 투자를 하지 않았고 중앙은행이 제로 금리를 통해 공급한 유동성은 경제주체들의 수중에 들어가 빠져나오지 않았다. 이처럼 아무리 통화를 공급해도 불안한 경제주체들이 돈을 보유만 하고 내놓지 않는 상황을 '유동성 함정'이라 한다.

이 같은 상황이 발생하는 것은 결국 경제주체들의 예상 때문이다. 미래 물가가 올라갈 것으로 예상되면 현재 물가가 저점일 수 있으므로 이때 소비와 투자를 하려는 욕구가 분출되면서 현재 물가의 상승을 이끌 수 있다. 반면 미래 물가가 계속 내려갈 것으로 예상되면 정부가 아무리 재정지출을 통한 확장정책을 펴더라도 계속 소비와 투자를 미루면서 경기 침체가 길어질 수 있다. 이렇게 되면 물건 가격이 계속 떨어지면서 실제 물가상승률도 마이너스를 기록하게 된다.

일본은 이 같은 상황을 수출로 타개하려 했다. 내수가

부진하니 해외로 물건을 밀어내는 것이다. 그렇게 하면 생산 수준을 유지할 수 있다. 하지만 여기에는 한계가 있다. 특히 해외경기가 동반 침체되면 그 효과는 더욱 떨어진다. 수출 호황으로 잠시 잃어버린 10년에서 빠져 나왔던 일본 경제가 세계 경기 침체와 함께 다시 어려움에 빠져든 것이 이를 잘 나타낸다. 이 밖에 정부지출을 대거 늘리는 방법도 있지만 재정에 한계가 있어 지속적으로 지출을 늘리는 것은 쉽지 않다.

크루그먼의 '비상식적 통화정책'

결국 물가 하락을 극복하는 열쇠는 내수에 있고 내수를 확장시키기 위해서는 물가 상승에 대한 기대가 있어야 한다. 그래야 실질이자율이 마이너스를 기록하면서 경기가 되살아날 수 있다. 이를 위해 경제학자 크루그먼은 '비상식적 통화정책'을 통해 시장과 전쟁을 벌여야 한다고 주장했다. 이는 물가가 오를 때까지 엄청난 양의 유동성을 끝도 없이 공급하는 것이다. 이렇게 되면 경제주체들은 중앙은행의 강한 의지를 받아들이게 되고 결국 언젠가는 물가가 오를 것으로 생각할 수 있다.

이때는 중앙은행이 실제 물가가 오를 경우 이를 정상화시킬 뜻이 없다는 것을 시장에 각인시켜야 한다. 정책을 통해 실제 물가가 오를 경우 어느 수준에서 다시 안정화시킬 것이란 기대가 있으면 인플레이션에 대한 기대는 여전히 부족할 수 있다. 이에 물가를 지속적으로 올릴 것이란 인식을 강하게 각인시켜야 한다. 그러면 경제주체들은 물가가 크게 오르기 전에 소비와 투자를 하자는 심리를 갖게 되고 이는 실제 소비와 투자로 이어진다. 다만 이것이 가능하려면 경제 위기 상황은 아니어야 한다. 경제 위기 때는 앞으로 어떤 일이 벌어질지 알 수 없어 계속 돈을 쥐려고 하기 때문이다.

 이 밖에 비상식적 통화정책은 환율 상승이란 이득도 낳는다. 경제 내 유동성이 급증하면 달러 대비 자국 통화 가치는 떨어질 수밖에 없다. 결국 환율이 상승하는데 이에 따라 수출 증대라는 이득도 볼 수 있다. 또 끝도 없이 공급되는 유동성이 경제주체의 수중에 들어간 후 결과적으로 부를 형성하면서 소비가 증대되는 효과를 노릴 수도 있다.

 하지만 이 같은 정책은 추후 엄청난 양의 유동성에 따른 부작용으로 이어질 수 있다. 경제가 감당할 수 없을 정도의 물가 상승이나, 유동성 쏠림에 따른 부동산 가격 급등 등의 문제가 그것이다.

또 국제적으로 환율 급등이 주변국의 환율 상승을 부추길 수 있다. 수출에서 피해를 본 경쟁국들이 경쟁을 위해 자기도 환율을 올리는 것이다. 이 같은 경쟁이 심화되면 해당 지역의 환율이 계속 올라갈 것이란 기대가 확산되면서 외화가 급격히 유출될 수 있다. 통화가치가 계속 떨어지니 해당국 통화를 팔아치우고 달러로 바꿔가는 것이다. 이는 외화난을 유발하면서 국지적인 외환위기를 불러올 수 있다. 그러므로 중앙은행은 섣불리 비상식적인 통화 정책을 쓰지 못한다.

물가 하락의 위험성

결국 물가 하락은 대처하기 무척 까다로워 경제에 큰 재앙이 될 수 있다. 이에 물가 하락을 반가워해서는 안 된다.

물론 경제가 지속적으로 성장하는 과정의 물가 하락은 반가울 수 있다. 이는 대개 생산량이 급증하면서 생기는 결과이기 때문이다. 중국이 생산을 크게 늘리면서 공급이 증가해 세계 물가가 낮게 유지된 것이 대표적인 예이다. 이렇게 되면 소비주체들의 실질소득이 올라간다. 같은 돈으로 더 많은 물건을 살 수 있기 때문이다. 또 현재 갖고 있는 예·적금, 채권 등 금융자산의 실질 가치가 올라간다. 물가 하락은 화폐 가치 상승으로 연결되는데 금융자산은 화폐로 평가되기 때문이다. 바꿔 이야기하면 시중에 실질적으로 통화가 공급된 것과 같은 효과를 낸다. 같은 양의 돈이라도 그 가치가 올랐다면 예전보다 돈이 증가한 것이나 마찬가지이기 때문이다.

이렇게 되면 돈을 빌릴 수요가 줄어든다. 결국 금리가 내려간다. 금리가 내려가면 기업들의 차입 부담이 줄어 투자가 증가한다. 이 과정에서 소비주체들은 실질소득이 올라갔으니 당연히 소비가 는다. 결국 소비와 투자가 증가하는 선순환이 일어난다. 이처럼 물가가 하락함에 따라 실질소득과 자산 가치가 올라 소비가 늘고 경기가 좋아지는 현상을 '피구효과(Pigou effect)'라 한다.

이 경우에는 물가가 계속 내려가 소비를 미루려는 심리보다는 증가한 소득과 자산에 힘입어 소비가 증대되는 효과가 발생한다. 경기가 침체될 때 물가 하락은 경기 부진에 따른 소득 감소와 맞물리며 소비를 줄이지만 이 경우에는 반대 효과가 발생한다.

하지만 경기불황 시 저물가는 앞서 설명한 메커니즘에 따라 경기를 극도로 침체시킨다. 이때 경제는 투자가 극도로 침체되면서 경제주체들의 저축에 비해 투자 규모가 훨씬 작게 된다. 또 소비가 매우 침체되면서 경제의 수요는 생산 능력을 밑돌게 된다. 이에 따라 생산설비가 남아돌면서 경제는 큰 충격을 받는다.

'4대강 사업' 해야 하나 말아야 하나
— 공공사업 편익 평가 방법

이명박 정부의 최고 이슈 중 하나는 4대강 정비사업이었다. 찬반 양론이 극명하게 갈리면서 한국 사회에 내홍이 벌어지기까지 했다. 양쪽은 사업 결과에 대해 다른 예상을 내놓으면서 맞섰다. 이러한 논란은 정부의 대규모 사업을 어떻게 평가해야 하는지 좋은 사례라 할 수 있다. 정부 사업은 어떻게 결정되고 효과 분석은 어떻게 이뤄지는 것일까?

객관적인 평가 지표 찾기 어려운 정부 사업

공공사업 평가는 무척 어렵다. 기업 투자의 경우 이윤

을 많이 발생시킬수록 좋은 투자라 생각하면 된다. 하지만 공공사업은 따로 이윤이 발생하는 것이 아닌 데다 효과도 장기적이다. 이에 이익을 기준으로 공공사업의 타당성을 평가하는 것은 무척 어렵다. 또 제대로 측정할 수 있는 가격 체계도 마련돼 있지 않다.

이 같은 상황에서 공공사업의 편익을 구하기 위해서는 여러 유형으로 나눠봐야 한다. 가장 큰 유형의 분류는 실질적인 것과 금전적인 것의 구분이다. 실질적인 편익은 사업이 목표로 하는 이익이다. 4대강 정비사업의 경우 정비를 통해 홍수가 줄고 강이 제 모습을 찾는 것이라 할 수 있다. 금전적인 편익은 사업을 통해 누군가 금전적인 이익을 얻는 것을 뜻한다. 정비사업을 위해 주변 토지를 매입하는 과정에서 일부 지주들이 보상금을 받는 것이 대표적인 예이다.

이 같은 구분에 따를 경우 실질적인 편익만 고려하는 것이 타당하며 금전적인 편익을 공공사업의 효과로 계산해선 안 된다. 국민세금이 토지매입이란 절차를 거쳐 누군가의 손에 들어간 것에 불과하기 때문이다. 이는 부의 이전에 불과하며 사업의 효과로 평가할 수 없다. 이에 실질 편익만 공공사업의 이익으로 잡아야 한다.

[그림 3-3] **공공사업 평가 원칙**

실질 편익은 다시 직접적인 이익과 간접적인 이익으로 나뉜다. 4대강 사업의 경우 직접 편익은 강의 제 모습 찾기라 할 수 있다. 간접 편익은 공사 과정에서 발생하는 고용창출, 관광자원 개발, 지역경기 회복, 건설경기 활성화 등으로 구성된다. 이는 4대강 사업의 직접 목적은 아니지만 사업 과정에서 부가적으로 창출된다. 이러한 간접 편익에 직접 편익을 합하면 공공사업의 편익을 계산할 수 있다.

여기에 추가로 혹시 외부효과가 발생하지 않는지 점검해야 한다. 외부효과란 특정 활동을 하는 과정에서 누군가에게 의도하지 않고 이익이나 손해를 끼치는 것을 의미한다. 4대강 사업을 하는 과정에서 환경이 훼손된다면 이는 부정적인 외부효과이고, 공사를 맡은 건설업체에 관련 기술이 축적돼 해외 진출 여건이 만들어진다면 이는 긍정적인 외부효과이다. 이 같은 효과들을 추산할 수 있다면 공공사업 편익에서 부정적 외부효과를 빼고 긍정적 외부효과를 더해 최종 편익을 계산할 수 있다(계산이 가능하면 더 이상 외부효과란 표현을 쓰지 않는다).

고려할 요소 많은 공공사업

구체적인 편익 추산 과정에서는 세부적으로 점검해야 할 사항이 많다. 고용의 경우 순고용 창출효과를 계산해야 한다. 예를 들어 4대강 사업을 통해 총 1만 개의 일자리가 창출됐다고 하자. 그런데 1만 개 일자리 모두를 새로 창출된 일자리라고 보기는 어렵다. 1만 명 가운데 일부는 기존에 직장을 갖고 있던 사람들이 직장을 옮긴 경우에 해당하기 때문이다. 물론 이들이 4대강 사업으로 옮겨오면서 원래 있던 직장이 대체인력을 뽑았다면 이 역시 고용창출에 포함할 수 있다. 이에 정확히 몇 개의 일자리가 늘어난 것인지 구체적인 계산이 필요하다.

정확하게 계산하기 위해선 경제 전체적으로 일자리가 얼마나 순증했는지를 봐야 한다. 즉 4대강 사업에 고용된 총 인력은 1만 명이지만, 사업 시작 이후 한국 경제 전체 일자리 수가 1,300만 개에서 1,300만 5,000개로 늘었다면 5,000개만 순수 고용창출효과로 볼 수 있다. 나머지 5,000개는 다른 곳에 고용돼 있던 인력들이 4대강 사업으로 옮겨간 이후, 이들을 고용하던 기업이 다른 인력을 대체 선발하지 않아 사라진 일자리라 할 수 있다.

일반적으로 공공사업은 사회 전반적으로 실업이 만연해 있으면 큰 고용창출효과를 낼 수 있고, 실업문제가 심각하지 않은 상황이라면 기존 민간 일자리에 고용돼 있던 인력을 빼오는 결과에 불과해진다. 이렇게 되면 민간 기업활동이 위축되는 등 부작용이 생길 수 있다.

이 밖에 공공사업으로 인해 특정 물품의 가격이 변화한다면 이 역시 고려해줘야 한다. 4대강 사업을 통해 시멘트 수요가 급증하면서 시멘트 가격이 올랐다면 이에 따른 민간 건설업체의 부담 증가분을 계산해 편익을 줄여서 평가해야 한다.

장기적으로 편익이 발생하는 경우라면 물가상승률이나 이자율을 이용해 미래 발생하는 편익을 현재가치로 환산해줘야 한다. 예를 들어 10년 후 100만 원의 편익이 발생하는 공공사업이라면 이 기간 물가가 상승하는 것을 고려해 10년 후 100만 원이 현재 가치로 얼마나 되는지 계산해야 한다. 그렇지 않으면 오랜 시일이 지난 후 편익이 발생하는 공공사업은 고평가될 수 있다.

이때 공익성을 감안해 현실의 물가상승률보다 낮은 수치로 계산해줘야 한다는 견해가 있다. 이른바 '사회적 할인율'을 적용해야 한다는 것인데 이렇게 하면 더 높게 평가될 수 있다. 물가상승률이 3%인 상황에서 3%를 적용하지 않고 1% 정도로 낮게 환산하면 미래 발생하는 편익의 현재가치는 커져 공공사업은 그 정당성을 획득할 수 있다.

이 밖에 성공할지 실패할지 장담할 수 없을 정도로 위험성이 개재된 사업의 경우 실패할 확률을 계산해 그만큼 편익의 크기를 줄여줘야 한다. 4대강 사업이 실패해 환경이 훼손될 가능성이 크다면 홍수 방지 등 편익의 크기를 줄여 계산하는 식이다.

아전인수로 흐르는 공공사업 평가

논란이 되고 있는 4대강 사업의 경우 찬성하는 쪽은 편익을 부풀려 계산한다. 공공사업의 편익으로 볼 수 없는 인근 토지의 가치 상승분까지 편익에 집어넣는 식이다. 이는 땅을 소유한 개인의 이익에 불과한데도 공공사업의 효과에 집어넣으려 한다.

반면 반대하는 쪽은 가급적 축소해 계산하려 한다. 직접적인 효과를 축소하는 것은 물론 간접적인 효과나 긍정적인 외부효과를 빼는 식이다. 나아가 부정적인 외부효과를 강조하고 각종 비용은 부풀려 계산하기도 한다.

정확한 계산은 양쪽 의견의 가운데 어디쯤 있을 것이다. 경제학이 제시하는 여러 방법을 감안해서 보다 중립적인 계산을 다시 해볼 필요가 있다. 이러한 계산에 따라 4대강 사업의 효과를 정확히 분석한 뒤, 효과가 비용보다 커서 이익이라면 사업을 지속하고 비용이 효과보다 크다면 사업을 중단하면 될 일이다.

물론 어떠한 노력을 해도 제대로 편익을 계산하기 어려울 수 있다. 광화문 광장에 세종대왕 대상을 세우는 경우가 대표적인 예이다. 이는 국민들에게 자긍심을 심어주는 데 주요 목적이 있다. 하지만 이는 돈으로 평가하기 어렵다. 이에 이 같은 공공사업을 시행하기로 결정했다면 편익을 따지기보다 가장 효율적으로 실행할 수 있는 방안을 찾는 것이 합리적이다. 이 경우에는 국민 모두가 바

랄 정도로 사업의 정당성이 명확해야 한다. 그렇지 않다면 진정한 설득을 통해 총의를 모아야 한다. 다만 4대강 사업은 이 같은 경우에 해당되기 어렵고 보다 과학적인 비용-효과 분석이 있어야 할 것으로 보인다.

수입으로 시간의 가치를 평가한다?

한편 공공사업 평가에는 여러 분석도구가 활용되는데 여러분들의 소득이 그 도구가 될 수 있다. 예를 들어 10만 명이 출퇴근하는 도로가 확장되면서 출퇴근 시간이 1시간 정도 줄었다고 하자. 이 사업의 경제적 가치를 평가하기 위해 수입을 편리한 도구로 활용할 수 있다. 10만 명의 시간당 임금의 평균값이 1만 원이라면 10만 명에 1시간(1만 원)을 곱해 도로 확장을 통한 경제적 가치를 매일 10억 원으로 평가할 수 있는 것이다.

하지만 여기에는 약간의 오류가 발생한다. 시간당 임금과 시간에 대한 주관적인 평가에는 차이가 있기 때문이다. 예를 들어 일 자체가 즐거워서 일을 하는 사람이 평가하는 시간의 가치는 시간당 임금보다 높다. 그러니 적은 돈을 받더라도 일을 할 수 있고 그가 평가하는 시간의 가치는 받는 시간당 임금보다 높다. 반면 돈 때문에 억지로 일을 하는 사람이 평가하는 시간의 가치는 시간당 임금보다 낮을 것이다.

이 같은 개인차를 반영하기 위해서는 다양한 대안을 고려할 수 있다. 예를 들어 자율 휴일 근무를 실시했을 때 출근하는 사람은 휴일의 가치를 특별 수당보다 낮게 판단하는 사람이고, 나오지 않는 사람은 휴일의 가치를 수당보다 높게 판단하는 사람이다. 또 좀 더 비싸더라도 빠른 교통수단을 선택하는 사람은 시간의 가치를 그만큼 높게 평가하는 경우라 볼 수 있다. 이 같은 조건을 감안해 시간의 가치를 조정할 수 있다.

수입은 심지어는 생명의 가치를 산정할 때도 적용된다. 사람의 목숨 값을 그 사람의 연봉으로 환산해보는 것이다. 이를 '인적자본접근법'이라 한다. 하지만 고귀한 생명의 가치를 단순히 수입으로 환산하는 것은 문제가 많아 지지는 받지 못하고 있다. 설문조사를 통해 생명의 가치를 평가해 달라거나, 보험 가입 등 사망 위험을 줄이기 위해 행하는 노력을 통해 간접적으로 파악하는 것은 인적자본접근법의 대안이다..

Seven Days Master Series

step 4

가계부채와 부동산

한국 경제의 최대 아킬레스건, 가계부채
– 가계부채, LTV, DTI

한국 경제에서 앞으로 가장 큰 위험 요소는 가계부채와 부동산이다. 실제로 많은 전문가들이 부동산 가격 급락과 이에 따른 가계부채 부담 급증으로 경제가 큰 위기를 맞을 것이란 경고를 하고 있다. 이는 앞으로 한국 경제를 읽고 이해하는 데 가장 핵심이 될 전망이다.

한국경제의 뇌관, 가계부채

우선 현황을 보자. 2009년 말 현재 가계 부문의 금융부채는 854조 8,000억 원에 달한다. 1,100조 원 전후인 한국 GDP와 비교하면 78.2% 규모로 경제협력개발기구

(OECD) 평균 64.4%보다 훨씬 높다. 가처분소득(소득에서 세금 국민연금 등 비소비지출을 뺀 개인이 실제 활용할 수 있는 소득)과 비교하면 한국인들은 평균적으로 가처분소득보다 1.43배나 많은 부채를 안고 있다. 가처분소득이 5,000만 원이라면 7,150만 원의 부채를 안고 있다는 의미이다. 이로 인해 가계 전체적으로 월 평균 2조 500억 원의 이자를 내고 있는 것으로 추산된다. 가처분소득 대비 부채 수치가 한국보다 높은 나라는 스위스, 영국 정도에 그친다. 독일, 프랑스는 각각 0.69와 0.6으로 부채가 가처분소득보다 훨씬 작다.

규모도 문제이지만 증가세는 더 우려스럽다. 2009년 가계부채는 2008년 말보다 6.5% 증가했다. 글로벌 금융위기를 맞아 2009년 미국, 영국 등 다른 나라는 가계부채가 축소됐지만 한국만 증가했다. 물론 한국도 금융위기가 한창이던 2009년 1분기에는 전년 동기 대비 가계부채 증가율이 0.26%로 크게 둔화되기도 했다. 하지만 2009년 하반기 부동산 가격이 다시 오르자 빚을 내어 집을 사는 사람이 증가하면서 가계부채는 다시 큰 증가율을 기록했다.

기간을 좀 더 넓혀보면 2000년부터 2009년까지 10년간 가계부채 증가율은 연평균 11.6%를 기록했다. 반면 이 기간 평균 소득증가율은 5.7%에 그쳤다. 부채 증가율이 소득 증가율의 2배에 이른 것이다. 이에 따라 가처분소득 대비 가계부채 비율은 2000년 0.87에 그쳤지만 2009년엔 1.43배까지로까지 커졌다.

이처럼 높은 가계부채 증가율은 필연적으로 거품을 가져오게 마련이다. 과거 사례를 보면 2002년 가계부채 증가율은 30%에 달했다. 엄청난 증가율이다. 결국 한국 경제는 이듬해인 2003년 카드사태를 겪으면서 크게 휘청대고 말았다. 이후 2003년과 2004년 가계대출 증가율은 4%대로 안정세를 보였지만, 2005년부터 다시 10% 대의 높은 증가율을 기록했다. 앞으로 한국 경제가 큰 위험에 처할 것이란 분석은 이 같은 점에 근거한다. 2005년 이후 높았던 가계부채 증가율이 곧 부작용을 몰고올 것이란 지적이다.

가계대출의 구성도 문제이다. 가계대출의 대부분은 부동산 담보대출이다. 2010년 1월 기준 59.9%에 달하고 있다. 즉 빚을 내 집을 사면서 만들어진 대출이 가계대출의 절반 이상을 차지한다. 이는 곧 부동산 가격이 급락할 경우 대출이 부실화되면서 큰 어려움에 처할 것이란 사실

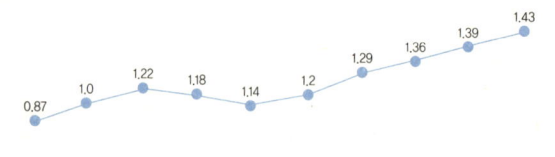

[그림 4-1] **가처분 소득 대비 가계부채 비율**

을 나타낸다.

특히 부동산 담보 대출의 평균 만기는 지속적으로 짧아지고 있다. 한국은행에 따르면 부동산담보 대출의 평균 만기는 13.1년으로 2008년 말 14.3년보다 크게 짧아졌다. 또 일시에 원금을 상환해야 하는 일시 상환 대출 비중이 42.3%로 2008년 38.8%보다 크게 증가했다. 원리금을 오랫동안 나눠 내면 한 번에 내야 하는 부담이 줄어 어느 정도 버틸 수 있다. 하지만 상황은 정반대로 흐르고 있다. 일시 상환 대출 비중이 급증하고 있는 것이다. 이 같은 상황에서 부동산 가격이 지속적으로 하락하면, 원리금을 일시 상환해야 하는 시점에서 집을 팔아도 빚을 갚지 못하는 일이 벌어질 수 있다.

더 큰 문제는 금리 인상에 취약한 가계들이 많다는 점

에 있다. 주택 담보 대출의 90% 이상이 변동금리 대출이다. 즉 기준금리가 인상되면 그에 맞춰 내야 하는 이자도 증가하는 대출이 대부분이다. 2009년 말 기준 변동금리 대출 비중은 92.7%에 달한다. 앞으로 한국은행이 기준금리를 계속 인상시킬 예정이라 가계 이자 부담이 급증할 것으로 우려된다.

아직은 안심할 수 있는 단계?

다만 아직까지 희망은 있다. 정부 규제에 따라 주택담보대출비율(Lone to Value; LTV)은 안정돼 있다. LTV는 주택 구입 가격 대비 대출 금액을 의미한다. 이를 담보인정비율이라 부르기도 한다. 예를 들어 10억 원짜리 집을 사면서 4억 원의 대출을 얻었다면 이 사람의 LTV는 40%이다. 한국 주택담보대출의 LTV 평균치는 2009년 기준 34.35%이다. 70%를 상회하는 미국, 일본, 영국, 프랑스 등에 비해 크게 낮은 수준이다.

한국이 이처럼 LTV 비율이 낮은 것은 정부가 강한 규제를 실시해왔기 때문이다. 현재 서울 강남 등 투기지역에서는 40%, 기타 지역에서는 60% LTV 규제가 시행 중이다. 즉 서울 강남에서는 집값의 40%를 초과해 대출을 받을 수 없다. 정부는 2009년 7월 수도권 지역 LTV 규제를 강화한 데 이어 보험사 등 2금융권에서 대출을 받을 때도 LTV 규제를 받도록 했다.

정부는 총부채상환비율(Debt to Income; DTI) 규제도 시행 중이다. 이는 연간소득액 중 부채 원리금이 차지하는 비율을 의미한다. 연봉 5,000만 원인 사람이 대출을 얻어 연간 상환해야 할 대출 원리금이 2,000만 원이라면 이 사람의 DTI는 40%이다. 정부는 지역별로 40~60% 규제를 적용 중이다(정부는 부동산 가격 하락을 방어하기 위해 2011년 3월까지 일시적으로 DTI 규제를 적용하지 않고 있다. 보다 많은 빚을 내 집을 살 수 있도록 하기 위해서이다. 그러나 DTI 규제는 2011년 4월 다시 부활했고, 정부는 제도개선책을 논의하고 있다).

이러한 LTV 및 DTI 규제에 따라 그간 집값과 비교해 필요 이상의 대출이 이뤄지지 않았고 이는 한국의 가계부채 문제를 상대적으로 안정시켜왔다.

이에 따라 가계부채 연체율은 무척 낮은 편이다. 금융권의 평균 주택담보대출 연체율은 2008년 말 현재 0.70%로 매우 안정적인 수준을 유지하고 있다. 즉 전체 주택담보대출 가운데 0.7%만 원금 혹은 이자 상환이 이뤄지지 않고 있다. 특히 보험, 저축은행 등 다른 권역을 제외한 은행권 주택담보대출로 범위를 한정하면 연체율은 0.38%에 불과하다. 안정적인 연체율은 기업 대출도 마찬가지이다. 중소기업 대출 연체율은 1%대 초반, 대기업 대출 연체율은 1% 미만에서 안정적인 수준을 나타내고 있다.

또 하나 안심할 만한 요소는 개인 금융자산과 비교한 금융부채 비율이다. 2009년 말 기준 개인들의 금융자산 합계는 1,995.6조 원으로 부채의 합인 854.8조 원보다 2.33배 많다. 이는 곧 개인들의 총 금융자산으로 부채를 갚고도 1,140.7조 원이 남는다는 이야기이다.

이에 따라 금융당국은 한국의 가계부채 상황을 아직까지 매우 양호한 것으로 평가하고 있다. 특히 금융당국은 가계대출의 분포에 주목하고 있다. 금융당국에 따르면 가계대출 잔액 가운데 69%를 소득 상위 20%가 갖고 있다. 한국은행이 발표한 '통화신용정책 보고서'에서도 전체 가계부채의 85%를 소득 상위 30~50%가 갖고 있는 것으로 나타나고 있다.

금융당국은 이를 근거로 가계대출 부실이 가시화되지

않을 것으로 보고 있다. 금융당국 한 고위관계자는 "중산층 이상이 얻은 가계대출은 투자 목적의 성격이 짙다"며 "최악의 상황이 온다 하더라도 수익률에 손실을 보거나 자산을 팔아 상환하는 수준에 그친다"라고 말했다.

이 밖에 최근 들어서는 증가세도 잠잠해지고 있다. 한국은행에 따르면 2010년 1월과 2월 연속으로 은행권 가계대출은 감소세를 기록했다. 1월에는 1,000억 원, 2월에는 2,000억 원이 줄었다. 주택담보대출로 범위를 한정하면 1월과 2월 각각 6,000억 원과 7,000억 원의 증가세를 기록했으나 2009년 월평균 2조 1,000억 원 증가했던 것과 비교하면 증가세가 크게 떨어졌다. 이에 대해 금융당국은 "대부분 현상에 주목하지만 문제는 '심리'에 있다"면서 "불안 심리가 퍼지지 않는 한 당분간 큰 문제는 없다"라고 말했다.

하지만 이러한 반론들에도 불구하고 한국 가계부채 문제의 심각성을 과소평가할 수는 없다. DTI 규제는 시행된 지 얼마 되지 않아 이전에 대출을 받은 가계들은 소득과 비교해 많은 대출을 안고 있으며, LTV 비율은 집값이 떨어지면 얼마든지 악화될 수 있기 때문이다. 예를 들어 10억 원짜리 집을 보유하면서 3억 원의 대출을 안고 있는 사람의 LTV 비율은 현재는 30%지만, 앞으로 집값이 6억 원으로 떨어지면 LTV 비율은 50%로 악화된다. 이에 따라 한국의 가계부채 문제가 앞으로 얼마나 심각해질지는 부동산 가격 추이와 깊은 관련이 있다.

한국 집값의 거품은 어느 정도일까?
- 주택가격 지표, PF대출

한국 부동산 가격은 그간 지속적으로 상승해왔다. 이에 불패신화라는 말까지 생겨났다. 이 같은 신화는 금융위기도 꺾지 못했다. 금융위기가 한창이던 2008년 1분기부터 2009년 3분기까지 집값 변동률을 보면 한국은 평균적으로 2.46%의 상승률을 기록했다. 얼핏 낮은 수치인 것 같지만 다른 나라와 비교하면 이야기가 달라진다. 이 기간 영국 미국 일본의 집값 변동률은 순서대로 -15.27%, -17.36%, -6.26%이다. 모두 큰 폭의 하락세를 기록했다. 한국 역시 2008년 말부터 2009년 초까지 큰 폭의 하락세를 나타냈지만 곧 반등에 성공하면서 결국 2009년에도 부동산 가격이 상승했다.

지표로 나타나는 집값 거품

이러한 상승세에 대해 많은 사람들이 한국 집값에 큰 거품이 끼어 있다고 진단한다. 이는 각종 지표로 증명된다. 우선 소득 대비 주택 가격을 보면 한국의 평균 수치는 6.26이다. 즉 한국의 평균 집값은 한국인들의 평균 소득의 6.26배에 달한다. 이 수치에서 미국은 3.55, 일본은 3.72를 기록 중이다. 결국 외국과 비교하면 한국의 집값은 국민소득과 비교해 지나치게 높은 수준임을 알 수 있다. 그간 한국 집값은 소득 상승률을 앞지르면서 해당 수치는 지속적으로 상승해왔다. 반면 다른 나라들은 금융위기 기간 집값이 조정되면서 해당 수치가 내려갔다.

특히 이 수치는 서울의 경우 12.64에 달한다. 즉 소득을 12.64년 모아야 서울의 평균 가격에 해당하는 집을 마련할 수 있다. 이 수치는 다른 나라 역시 높지만 한국에는 미치지 못한다. 미국 대도시의 경우 해당 수치는 7~9를 기록 중이다.

절대가격으로 비교해도 한국의 집값은 높은 편이다. 한미일 평균 주택가격을 보면 한국 2억 9,240만 원, 미국 24만 2,700달러, 일본 2,385만 엔을 기록 중이다. 최근 환율로 환산하면 한국의 집값이 절대적으로 높음을 알 수 있다. 이 밖에 2000년대 들어 주택 가격 상승률이 물가 상승률보다 지나치게 높았다는 점을 들어 집값에 거품이 끼어 있다는 분석을 하는 사람도 많다.

거품은 언젠가 꺼지게 마련이다. 실제로 많은 전문가들은 "정부가 위기 해결을 위해 시장에 막대한 유동성을 공급하면서 금융위기 기간에도 집값이 올랐지만 수요와 공급이 만나 가격이 결정되는 시장원리를 고려하면 집값은 떨어질 수밖에 없다"고 지적한다.

시장 상황을 보면 건설사들은 여전히 많은 물량의 아파트를 공급하고 있다. 금융위기 이후 공급이 줄었다고는 하나, 이전에 공급된 물량을 감안하면 포화상태라는 의견이 많다. 하지만 주택 수요는 점차 줄고 있다. 이에 따라 집값은 2010년 상반기부터 하락세를 기록 중이다. 특히 우려할 만한 사실은 거래량이 급감하고 있다는 점이다. 집값의 추가 하락을 예상한 무주택자들이 대거 주택 구입을 미루면서 거래가 이뤄지지 않고 있는 것이다. 이에 따라 반드시 집을 팔아야 할 사정이 있는 사람들은 계속 낮은 가격에 집을 내놓게 되고 이는 주택 가격 하락을 심화시키고 있다. 거품이 꺼지고 있는 것이다.

이 같은 추세는 2010년 하반기 들어 거래량이 늘고 가격도 어느 정도 오르면서 다소 변화 조짐을 보이고 있지만, 대세가 되기는 어려울 것이란 전망이 많다. 여전히 많은 사람들이 주택 구매를 꺼리고 있기 때문이다. 최근 일반인 1,000명을 대상으로 이뤄진 한 설문조사 결과를 보면 응답자의 70.7%가 전반적인 부동산 시장의 침체를 예상했다. 또 응답자 가운데 40%를 차지하는 무주택자들에게 앞으로 주택 구입의사를 문의한 결과 69.6%가 의사가 없다고 답했다.

집값 오른다 vs 떨어진다

앞으로 이러한 현상이 지속될 것이란 전망이 많다. 가장 큰 근거는 인구학적 설명이다. 인구학은 주택 핵심 소비계층을 35~54세로 본다. 일본의 경우 이 계층의 인구 감소세는 1990년대 초반에 시작됐고, 미국은 2007년에 시작됐다. 공교롭게도 일본과 미국의 집값은 이때부터 하락세로 접어들었다. 즉 주로 집을 구매하는 사람들의 숫자가 줄면서 집값이 하락한 것이다. 한국의 35~54세 인구는 2011년부터 감소할 전망이다. 이에 따라 2011년 상반기까지 잠시 반등하는 모습을 보이다 하반기부터 집값이 본격적인 하락세를 기록할 것이란 전망이 속속 제기되고 있다. 현재의 하락세는 하락세도 아니라는 것이다.

물론 반론도 있다. 인구는 줄지만 가구수가 계속 증가하고 있기 때문이다. 한국의 가구 수는 2030년까지 증가할 예정이다. 이는 1인 및 2인 가구 때문이다. 부모가 나이가 들면 자식들과 함께 거주하는 풍습이 사라지고 결혼을 미루는 사람들이 늘면서 1~2인 가구 숫자가 계속 증가하고 있다. 통계에 따르면 현재 1,691만 7,000가구를 기록 중인 가구수는 2030년 1,987만 1,000가구로까지 증가할 예정이다. 이 기간 1~2인 가구 비중은 43.1%에서 51.8%로 증가할 전망이다.

이에 따라 주택 수요가 지속될 것이라고 주장하는 사람들이 많다. 여기에 한국의 택지 면적이 선진국에 비해 좁은 상황과 소득 증가에 따라 보다 좋은 주거 조건을 선호하는 성향이 지속될 것이란 점을 감안하면 주택, 그 중에서 좋은 주택에 대한 수요는 지속될 수 있다.

특히 1~2인 가구 수가 증가하면 소형 주택에 대한 수요는 계속되나 중대형 주택에 대한 수요는 감소할 것이란 주장이 많지만, 서재 옷방 등 별도 공간을 확보할 수 있는 주택을 마련하려는 욕구가 생기면 중대형 주택에 대한 수요도 계속될 수 있다. 이 같은 상황에서 최근 일시적으로 주택 공급이 줄고 있어 2011년 일시적으로 집값이 오를 것이란 예측이 많다.

하지만 이 같은 전망에도 불구하고, 집값이 계속 상승할 것으로 이야기하기는 어렵다. 1~2인 가구가 높은 집값을 감당하는 것은 어렵기 때문이다. 실제 이들 가운데 상당수는 오피스텔 등 준주거시설로 빠질 예정이다. 이에 따라 오피스텔 등의 가격은 오를 수 있지만, 아파트 등 주거시설의 가격은 약세를 면치 못할 전망이다. 이 같은 점을 근거로 산은경제연구소는 현재 평균 2억 9,000만 원인 한국의 평균 집값이 장기적으로 1억 7,000만 원까지로 떨어질 것으로 예측한 바 있다.

이 같은 예측이 현실화돼 집값이 급락할 경우 가계부채는 한국 경제에 큰 짐이 될 수 있다. 가계부채가 많더라도 집값이 그 이상으로 올라주면 설사 부채를 못 갚는 경우가 발생하더라도 집을 팔아서 빚을 갚을 수 있다. 하지만 집값이 급락하면 집을 팔아도 부채를 갚기 어렵다.

특히 집값이 하락하면 자신의 자산이 줄었다고 생각해 소비를 줄이는 사람이 늘게 되는데 이는 경제 활력을 떨어트린다. 이 영향을 받아 경기가 침체에 빠지면 이는

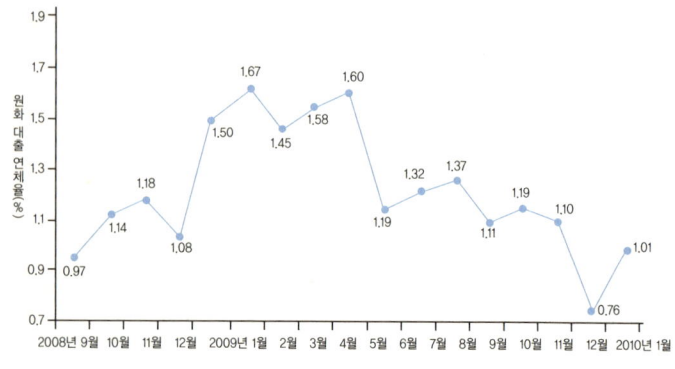

[그림 4-2] **대출 연체율 추이**

경제주체들의 소득 감소를 불러올 수 있고, 이에 따라 부채 원리금을 갚지 못하는 경우가 나타날 가능성이 있다. 이에 따라 집을 팔아서라도 부채를 갚으려는 사람이 증가하면 주택 매물은 늘 수밖에 없고 이것이 집값 하락을 가속화시키는 악순환이 벌어질 수 있다.

한국 가계대출 연체율이 여전히 낮은 수준이라고는 하나 조금씩 수치가 높아지면서 이 같은 불안감을 키우고 있다. 집값에 거품이 있다면 꺼지는 것은 당연하고 바람직한 일이다. 하지만 급격히 가격이 내려가면 경제는 큰 충격을 받을 수 있다.

부동산 문제 심각성 대변하는 PF대출

이러한 부동산 문제의 심각성은 프로젝트 파이낸싱(PF) 대출을 통해 극명하게 드러난다. 여기서 프로젝트는 대형 아파트 단지, 신도시 건설, 댐·도로 등 사회간접자본시설(SOC) 등을 의미한다. 이러한 대형 사업에는 별도의 사업 주체가 있고, 실제 건설 업무는 여러 건설사들이 나눠 맡는다.

PF대출은 이러한 프로젝트를 맡은 사업주체에 프로젝트를 위한 자금을 빌려주는 대출을 의미한다. 보통 보증을 요구하는 경우가 많은데 대개 프로젝트에 참여한 건설사들이 보증을 서게 된다.

PF는 금융위기 이전에 붐을 이뤘다. 아파트 등 건설 공사가 성사만 되면 큰돈을 벌어들였기 때문이다. 이에 따라 PF대출을 해준 금융사들도 특별한 연체 없이 상대적으로 높으면서 안정적인 이자 수입을 얻을 수 있었다. 결국 많은 금융사들이 너도나도 PF대출에 나섰다.

그런데 금융위기를 계기로 아파트 분양이 되지 않거나 건설업체 자금난 등으로 인해 공사를 계속 진행할 수 없을 정도로 부실해진 사업장이 부지기수로 생겨나면서 이야기는 달라졌다. 사업이 부실해지면서 대출을 받은 시

공사나 보증을 서준 건설사 모두 대출 이자는 물론 원금을 갚을 수 없는 지경에 이른 것이다. 특히 전반적으로 건설 경기가 위축되자 아예 파산하는 건설사들이 크게 늘면서 문제는 더욱 심각해졌다.

이에 따라 부실화된 PF대출이 급증했고 이는 돈을 빌려준 금융사들에게 큰 충격이 되고 말았다. 특히 규모가 작은 저축은행들도 대거 PF대출에 나섰는데 이들은 부실 규모를 감당하지 못하면서 건설사와 함께 도산하는 등 큰 피해를 입었다.

금융당국에 따르면 2009년 12월 말 현재 PF대출 연체율은 6.37%로 같은 해 6월 5.91%보다 0.46%포인트 악화됐다. 특히 저축은행이 실시한 PF대출의 연체율은 10.6%로 1년 만에 두 자릿수대로 진입했고 증권업계 연체율은 30.28%로 위기 이전 2008년 6월 6.57%보다 크게 악화됐다. 1% 전후인 가계나 기업 대출 연체율과 비교하면 엄청난 수치이다.

이처럼 대출 연체가 생기자 일부 금융사들은 외부로 드러나는 자신들의 치부를 감추기 위해 편법을 동원하기도 했다. 연체가 발생할 수 있는 PF 사업장에 추가 대출을 실시해 이를 통해 이자를 갚도록 하는 '에버그린' 대출이 대표적인 예이다. 주로 저축은행들이 이 같은 일을 많이 했다. 이렇게 하면 건설사들이 빌린 돈으로 이자를 갚아 표면상 연체로 잡히지 않는다.

에버그린 대출이 만연하면서 2009년 12월 기준 저축은행의 PF에 대한 대출 잔액은 11조 8,084억 원으로 같은 해 6월 11조 485억 원보다 7,000억 원 이상 늘었다. 부동산 경기 침체로 신규 PF대출이 거의 없었음에도 불구하고 기존 사업장에 추가 대출이 이뤄지면서 잔액이 증가한 것이다. 이에 대해 금융권에서는 "에버그린론이 중단될 경우 저축은행들의 PF 연체율이 50%를 넘어설 것이란 분석까지 있다"는 말이 나오기도 했다.

이에 따라 금융당국은 PF대출을 상환받지 못할 것에 대비해 금융사 내부에 미리 일정 금액을 쌓아두는 '대손충당금'의 적립 기준을 강화하는 등 규제책을 시행했다. 은행과 보험사는 정상 대출의 경우 대출액의 0.9%를, 상환에 어려움을 겪고 있는 대출은 대출액의 7~20%를 별도로 적립해둬야 한다. 증권사나 저축은행은 정상 대출의 경우 대출액의 0.5~3%를, 상환에 어려움을 겪는 대출은 대출액의 7~30%를 적립해야 한다.

추후 금융사들이 PF대출의 일부를 상환받지 못하는

상황에 이르면 대손충당금에서 벌충을 하게 된다. 빌려준 돈을 받지 못하니 적립해둔 돈을 이용해 스스로에게 대신 갚아주는 상황으로 이해하면 된다.

이러한 대손충당금 적립 기준을 강화하면 PF대출 시 부담이 늘어나는 효과가 발생한다. 이는 대출을 줄일 수 있다. 즉 대출을 해주면서 자동으로 그 일부를 대손충당금으로 쌓아둬야 하니, 이 같은 부담을 줄이기 위해 가급적 PF대출을 자제하게 되는 것이다.

이 밖에 금융당국은 저축은행 등 제2금융권 업체들은 총 대출 가운데 PF대출 비중이 30%를 넘을 수 없게 하고 있으며, 저축은행에 대해서는 해외 PF대출을 원칙적으로 금지하고 있다.

하지만 이 같은 대책에도 불구하고 PF대출 문제는 근본적으로 치유되지 않고 있다. 워낙 부실이 넓게 퍼져 있는 데다 부동산 경기가 계속 침체되면서 부실화된 사업장이 계속 생겨나고 있기 때문이다. 이에 대해 금융당국은 수시로 PF 사업장을 조사해 부실 사업장을 가려내고 있지만 여력이 부족한 상태이다.

특히 앞으로는 문제가 보다 심각해질 수 있다. 아무도 부동산에 투자하려 하지 않으면서 수익을 못내는 프로젝

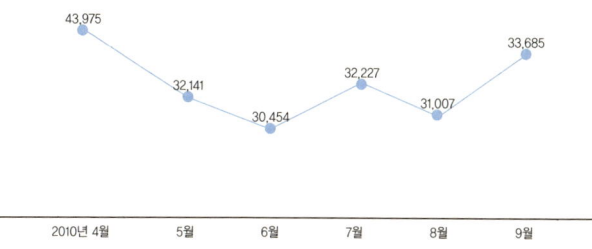

[그림 4-3] **부진한 전국 아파트 거래 건수 추이**

트가 줄을 잇고 있기 때문이다. 주택을 분양받으려는 사람이 있어야 아파트 공사가 계속 진행되고 이에 따라 분양대금이 들어오면서 PF대출도 상환할 수 있는데 그러지 못하고 있는 것이다. 여기에 정부가 PF대출 규제를 계속 강화하면 프로젝트에 대한 자금줄까지 막히면서 사업은 더 큰 어려움을 겪을 수 있다. 이렇게 되면 정부 규제가 사업을 위축시키면서 기존 대출을 다시 부실화시키는 악순환을 몰고 올 수 있다. 이에 필요에 따라 정부 규제를 재검토해야 한다는 주장이 있다.

한편 PF는 부정적 인식이 강하지만 해외에서는 새로운 투자 기회가 되기도 한다. 개발도상국이 발전소, 도로, 철도, 항만 등 각종 사업을 하는 과정에서 프로젝트 파이

낸싱을 하면 여기에 투자해 이익을 내는 것이다. 보통 각국 정부가 수익률을 보장하는 경우가 많아 국내 은행들이 큰 관심을 갖고 있다. 물론 해외에서도 PF 부실이 얼마든지 일어날 수 있지만 무조건 위험한 투자라고 해석할 필요는 없다.

가계부채-부동산, 그 악순환의 고리를 끊어라
- 해법, 개인신용정보 관리

 가계부채와 부동산 가격 사이의 악순환 고리에 대해 정부가 어떤 해법을 내놔야 한다는 목소리가 커지고 있다. 2011년을 전후해 일시적으로 급등세가 나타날 수 있지만 전반적인 시장 추세는 하락세로 접어든다고 보고 정책을 개발해야 한다는 주장이 생기고 있는 것이다.

 이에 대해 금융당국은 일단 불안심리가 확산되지 않도록 각종 구두개입을 통해 시장을 안정시키고 있다. 구체적인 정책은 배제한 채 별 문제없을 것이란 말만 하는 것이다. 이는 부동산 가격 하락세를 거품이 꺼지는 과정으로 해석하고 있는 데서 비롯된다. 이에 아직 시장에 본격 개입할 단계가 아니라는 것이 금융당국의 입장이다.

금융당국, 불안심리 확산 경계

내부적으로는 구두개입조차 필요 없다는 주장도 있다. 아예 관련 언급을 하지 않는 것이 낫다는 지적이다. 금융당국이 무관심할 정도로 이슈가 안 된다는 인식을 심어주는 것이다. 이에 따라 금융당국은 관계 부처나 시장의 부동산이나 가계부채 관련 문의에 대해 "큰 문제 없다"는 답변을 되풀이하고 있다.

그러면서 시장 모니터링은 강화하고 있다. 금융당국의 한 관계자는 "연체율, 잔액 증가 등 가계부채와 관련한 시장 움직임에 대해 유심히 들여다보고 있다"면서 "주의도를 높여갈 방침"이라고 말했다.

금융당국은 나아가 앞으로 신규 대출 자체를 규제할 가능성이 있다. 신규 대출이 가파르게 늘지 않도록 증가세를 제어하는 것이다. 특히 은행 등 어느 한 권역의 대출을 규제하면, 이 규제를 피해 보험, 저축은행 등 다른 권역의 대출이 증가하는 '풍선효과'를 피하기 위해 전 금융권으로 규제를 확산시키고 있다.

다만 기존 대출을 줄이는 정책을 실시하지는 않을 예정이다. 가계들이 기존 대출을 상환하도록 유도하면, 이는 가뜩이나 어려운 가계를 궁지로 몰면서 경기 침체를 심화시킬 수 있기 때문이다. 이보다는 오히려 기존 대출의 만기를 연장해주는 등 부담을 덜어주는 정책이 시행될 가능성이 높다. 시장이 어느 정도 안정될 때까지 대출 상환을 미뤄줌으로써 기회를 주는 것이다.

또 중산층 이상이 주택 투자를 위해 신규 대출을 얻는 것은 자제시키되, 서민들에 대해서는 정부 보조를 통해 이자율을 대폭 낮춘 정책 대출을 제공함으로써 생활고를 개선시키는 대책을 병행하고 있다.

이는 단기적으로 가계대출 규모를 키울 수 있지만 대부업체 등을 통한 대출 과정에서 높은 이자로 고통 받고 있는 서민들의 고통 경감 차원에서 시행되고 있다. 이러한 정책이 서민들의 자활을 돕게 되면 전체적인 경기 회복에 기여하면서 가계들의 원리금 상환 여력을 확대시킬 수 있다.

하지만 이러한 접근은 근본적인 대책이 될 수 없다. 집값 하락을 계속 방치하면 가계부실의 심각성을 근본적으로 치유할 수 없기 때문이다. 앞으로 문제가 계속 심화되면 전반적인 가계부실 규모가 정부의 정책 수용 범위를 넘어설 가능성도 배제할 수 없다.

부동산 시장 연착륙에 방점

이러한 금융당국의 접근에 대해 국토해양부 등 부동산을 담당하는 정부 부처는 보다 공격적인 자세를 취한다. 이들은 현재의 부동산 가격 하락을 거품 진정을 뛰어넘는 급락세로 판단한다. 특히 새로 분양을 받아 집을 옮겨가려는 사람들이 기존 집을 처분하지 못해 미분양 사태가 확산되는 상황을 극도로 우려한다. 이는 건설업체들의 사업을 위축시키는 동시에, 억지로 집을 처분하는 과정에서 집값 하락세를 심화시키는 이중고를 몰고 온다.

이에 국토해양부 등은 DTI 등 금융 규제를 완화해 가계들이 더 많은 대출을 얻을 수 있도록 하고 있다. 2011년 3월까지 실수요자에 한해 DTI 규제를 적용하지 않고 있는 것이다. DTI 규제를 완화하면 소득이 낮아 집을 살 수 없었던 사람들이 보다 많은 대출을 얻어 집을 살 수 있다. 이렇게 하면 부동산 수요가 늘면서 주택 가격 하락을 어느 정도 방어할 수 있고, 나아가 주택 가격 하락으로 가계대출 전반이 부실해지는 것을 막을 수 있다.

이 같은 정책은 한마디로 추가 대출을 통해 부동산 가격 급락 및 가계대출 부실을 막자는 논리에서 나왔다. 하지만 이는 무척 위험할 수 있다. 추가 대출을 통해 집값을 더 올리는 과정에서 거품이 커지면서 추후 보다 큰 충격이 생길 수 있기 때문이다. 이에 따라 정부의 DTI 완화 조치는 여러 차례 무산되다 겨우 시행됐다.

결국 금융당국의 접근은 지나치게 보수적이고, 국토해양부 등의 접근은 지나치게 공격적이라 할 수 있다. 이에 대해 적절한 정부 대응은 그 중간에 있다는 주장이 많다. 우선 주택 가격에 대해서는 당분간 거품이 진정되는 기회를 계속 유지하되 어느 선에서는 하락을 방어해야 한다. 이른바 바닥을 다져놓는 것이다. 이후에는 장기간 주택 가격 상승률을 물가상승률 이하로 붙들어둬야 한다. 그렇게 하면 '실질' 집값은 계속 하락하게 된다.

집값 상승률만 다른 물건이나 자산의 가격 오름세에 미치지 못하면 실질 가치는 떨어질 수밖에 없다. 이렇게 하면 시장이 안정되면서 연착륙할 수 있다. 거품을 서서히 꺼트리는 것이다. 그 이상 집값의 과격한 하락을 방치하면 시장에 큰 충격이 오면서 일본식 장기불황이 올 가능성이 크다.

이를 위해 정부는 필요하면 금융규제를 완화하고, 금리 인상을 자제하거나 오히려 금리를 인하해 주택시장의 지나친 침체를 막아야 한다. 중앙은행이 단지 물가만 보

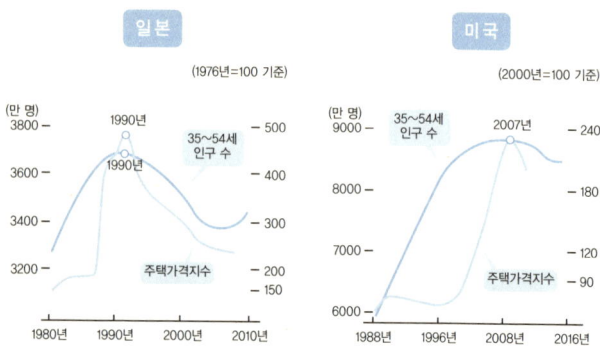

[그림 4-4] 베이비붐 세대 은퇴 시점과 일치하는 부동산 거품 붕괴
*자료: 통계청

고 통화정책을 하는 것이 아니라 주택가격도 고려해 정책을 하는 것이다. 물론 이러한 확장정책 과정에서 주택가격에 다시 거품이 낄 것으로 보이면, 곧바로 금리를 인상하는 등 긴축 정책을 실시해 시장을 다시 안정화시켜야 한다. 즉 보다 탄력적인 통화정책이 필요하다.

이에 대해 정부 정책이 지나치게 부동산 시장에 좌우될 수 있다는 지적이 나올 수 있지만, 이미 가계부채와 부동산 시장 문제가 한국 경제 전체를 좌우할 정도로 심각해져 있는 상황을 고려하면 전방위적인 접근은 몇 번을 강조해도 지나치지 않는다.

이 밖에 일시상환대출을 갖고 있는 사람들은 만기가

길고 원리금을 나눠 갚을 수 있는 대출로 갈아타도록 지원하고, 고정금리 대출 비중을 높여 금리 움직임에 상관없이 안정적인 대출 관리가 이뤄지도록 할 필요가 있다.

가계부채 종합 관리 위한 개인 신용정보 통합

가계부채 관리에서 가장 중요한 이슈 중 하나가 개인 신용정보 관리이다. 개인 신용정보는 연체 기록, 소득, 재산, 금융 거래 이력 등에 따라 1~10등급으로 나뉜다. 각종 연체가 적고 소득과 재산이 많으며 금융 거래 경력이 많을수록 높은 신용등급이 부여된다. 단순히 연체가 적다고 해서 신용등급이 높은 것이 아니라 대출 등 여러 금융 거래를 하면서 연체가 없어야 높은 등급을 받을 수 있다. 거래의 질도 중요하다. 거래가 많은 것이 좋다고 해서 카드 현금서비스를 많이 이용하면 안 된다. 은행 이용이 제한돼 있거나 급전이 필요한 일이 많아 관련 거래가 많았을 가능성이 있기 때문이다.

이 같은 개인 신용정보는 현재 업권별로 별도 관리되고 있다. 은행, 보험, 증권, 카드 등 각 업권별로 구성돼 있는 협회가 개인 신용정보를 관리하고 있다. 이에 따라 업권별로 신용정보 공유를 못하고 있다. 예를 들어 시중은행들은 은행연합회를 통해 전체 은행 고객의 정보를 확인할 수 있지만, 이들 고객이 보험권과 어떤 거래를 하고 있는지는 확인할 수 없다.

다만 '크레디트 뷰로(Credit Bureau; CB)'라는 전문회사들이 각 협회와 개별 금융사로부터 돈을 주고 정보를 산 뒤 이를 집적하고는 각 금융사들은 이 정보를 구매해 사용할 수 있다. 예를 들어 시중은행들이 자기 고객의 보험권 거래 내역을 확인하기 위해 CB로부터 정보를 사는 식이다. 하지만 CB들이 모집할 수 있는 정보가 제한적이라 종합적인 신용관리에 어려움이 많다.

특히 저축은행과 대부업계가 문제이다. 저축은행의 경우 중앙회 차원의 정보 수집 시스템이 발달돼 있지 않고, 대부업체들은 크게 2개 그룹으로 나뉘어 내부에서만 정보를 공유하고 있다. 이에 CB들이 집적한 정보에는 저축은행과 대부업체를 주로 이용하는 서민들의 신용정보가 빠져 있다. 저축은행 정보는 정리가 되어 있지 않아 살 수가 없고, 대부업체들은 정보를 CB들에게 판매하지 않으니 구입하지 못하고 있는 것이다. 이에 CB들이 집적한 정보에는 은행, 보험, 증권 등 제도권 금융사의 이용 내역만 포함돼 있다.

금융당국은 모든 개인 신용정보를 종합한 데이터베이스 사업을 추진 중이다. 업권별로 흩어져 있는 개인 신용정보를 하나로 모아 데이터베이스를 구축하는 것이다.

현재 수집 대상 신용정보의 범위를 확정한 뒤 전체 업권의 정보를 한 기관 혹은 복수 기관으로 취합하는 방안이 유력하게 검토되고 있다. 이후 정보를 유통하는 일은 현행처럼 CB들이 맡을 전망이다. 이렇게 하면 저축은행과 대부업체 이용자의 정보도 DB로 구축될 수 있다.

금융당국이 이 같은 일을 하는 것은 저축은행 지원의 성격이 짙다. 저축은행들은 그간 제대로 개인 신용정보를 모으지 못해 대출을 받으러 오는 개인들의 신용 상태를 평가할 능력이 없었다. 이에 개인 대출을 충분히 하지 못했고 대신 남는 재원을 PF대출 등 부동산 대출에 집중시켰다. 그런데 부동산 경기 침체로 부동산 대출이 부실해지자 저축은행들은 건전성 위기를 겪고 있다.

이 같은 상황에서 개인 신용정보 DB가 축적돼 저축은행들이 이를 활용할 수 있으면 부동산 대출 대신 개인대출을 활발히 하면서 부동산 경기 위축에 따른 부실 위험에서 어느 정도 벗어날 수 있다. 이렇게 하면 개인들도 저축은행에서 대출을 받지 못해 이자가 매우 높은 대부업체를 이용하는 불편을 줄일 수 있다. 가계대출 이자부담이 경감되는 것이다.

하지만 이 같은 작업은 대부업체들의 비협조로 어려움을 겪고 있다. 대부업체들은 그간 저신용자 대출시장에서 많은 노하우를 쌓아왔다. 특히 대형 대부업체들은 저신용자만을 대상으로 하면서도 대형 연체 사고 없이 자기자본의 20%가 넘는 많은 이익을 내고 있다. 그만큼 노하우가 쌓여 있다는 증거이다. 금융당국은 대부업체를 관할로 끌어들여 이들이 어떤 기준으로 대출자를 심사해 많은 이익을 내는지 노하우를 습득해 저축은행들에 나눠줄 예정이다.

이에 대해 대부업체들은 반발하고 있다. 그간 쌓아온 노하우를 저축은행 등에 넘겨주는 꼴이 되기 때문이다. 또 대부업체 이용객의 정보가 노출되면서 이용객 수가 급감할 수 있다. 은행 등이 대부업체 이용 사실을 알 수 있게 되면 해당 고객들의 신용도를 깎으려 할 것이 당연하고, 이를 피하기 위해 거래를 끊는 사람이 급증할 것이다. 결국 대부업체들은 노하우를 공유하면서 고객 기반을 잃을 위험까지 있어 강력히 반발하고 있다.

이에 대해 금융당국은 자산 100억 원 이상, 자산·부채 모두 70억 원 이상인 대부업체에 대한 감독권을 지방자치단체에서 금융위원회로 이관하는 방안을 추진 중이다. 대부업체를 금융당국 산하에 두면 이들을 강제로 DB사업에 끌어들이는 일이 용이해지기 때문이다.

금융당국의 신용정보 종합 DB화 사업은 개인들과도 큰 관련을 갖고 있다. 금융당국은 DB 사업을 하면서 개인 신용등급 하락의 원인이 되는 연체 기록 보관 기준을 완화할 예정이기 때문이다.

우선 개인 신용등급 하향 요인이 되는 연체금액의 범위를 현행 '50만 원 초과'에서 '200만 원 초과'로 높일 예정이다. 거래 금액이 커진 상황에서 소액의 연체는 사소한 실수로도 일어날 수 있으니 기준금액을 높여주는 것이다. 또 1개월 이하로 연체하면 신용등급을 깎지 않고 개인 파산자들의 신용정보 관리 기간을 현행 7년에서 5년으로 단축할 예정이다. 이렇게 하면 개인 파산자들도 5년이 지나면 각종 금융거래 불편을 어느 정도는 줄일 수 있다.

Seven Days Master Series

step 5

기업 구조조정

위기에 빠진 기업을 구하라
– 워크아웃

 위기 때면 항상 위험에 빠지는 대기업이 등장한다. 외환위기 때는 대우, 한보, 기아자동차 등이 어려움을 겪으면서 역사 속으로 사라지거나 주인이 바뀌었고, 이번 금융위기 때는 금호 등이 어려움을 겪었다. 다만 이번에는 대체로 어려움을 잘 극복해 대부분 정상적인 활동을 하고 있다. 하지만 일부 어려움이 계속되는 기업들도 있다. 위기에 빠진 기업들은 어떻게 그 어려움에서 빠져나올까?

자본금+차입금+잉여금 = 설비자산+금융자산

 우선 기업 구조부터 알아보자. 기업의 기본은 자본금

이다. 자본금은 한마디로 기업 주주들이 주인이 되는 대가로 기업에 투입한 자금이다. 이는 주식 발행을 통해 마련한다.

예를 들어 자본금 5억 원을 모으기 위해 액면가 5,000원짜리 주식 10만 주를 발행하는 식이다. 주주가 주식을 사면 '액면가×주식 수'의 비율만큼 기업의 주인이 된다. 기업은 이 자본금을 기반으로 대출을 얻거나 회사채를 발행해 자금을 끌어 모은 뒤 기업 경영 과정에서 생긴 이익을 보태 각종 자산을 취득한다. 이때 자산은 생산활동을 위한 설비, 토지 등으로 구성된다. 이를 구입하는 활동이 투자이다. 그러고도 돈이 남으면 기업들은 은행 예금, 다른 기업의 주식 등 금융 자산을 취득한다.

이를 정리하면 기업은 주식 발행을 통한 자본금 모집, 은행 대출 혹은 회사채 발행을 통한 차입, 경영활동 과정에서의 이익 적립으로 자금을 마련한다. 그리고 기업은 이 자금을 기반으로 토지, 설비 등 생산을 위한 자산을 취득하고 금융자산을 운용한다.

이에 '자본금+차입금+잉여금=설비자산+금융자산'의 등식이 성립한다. 기업이 투자를 통해 생산 여력을 확대시키고 이에 따라 매출이 늘면서 이익을 보기 위해서는 오른쪽 등식을 구성하는 숫자가 계속 커져야 한다. 자산이 늘어야 생산 여력이 확대되기 때문이다. 그렇게 하면 주가가 오른다.

오른쪽 등식을 키우기 위해서는 왼쪽 등식을 키워야 한다. 다시 말해 자본금, 차입금, 잉여금 셋 중 하나가 늘어야 한다. 그래야 자산을 구입할 수 있는 자금을 마련할 수 있다.

우선 자본금을 늘리기 위해서는 주식을 추가로 발행해 돈을 끌어 모으는 유상증자를 하면 된다. 이는 주가가 높은 기업이 활용하면 좋다. 예를 들어 액면가 5,000원짜리 주식이 20만 원에 거래되는 기업이 있다고 가정하자. 이 기업이 주식 10주를 10만 5,000원에 추가 발행하면 너도 나도 이 주식을 사려고 한다. 주식시장에서 20만 원에 사야 하는 주식을 거의 반값에 살 수 있기 때문이다. 이에 이 기업이 10주 발행이 성공하면 기업은 105만 원을 마련할 수 있다. 이 가운데 5만 원(액면가 5,000원×10주)을 자본금으로 따로 적립해 두더라도 100만 원이 남아 이를 투자에 활용할 수 있다.

그런데 유상증자는 실행에 옮기기 쉽지 않다. 주식을 추가로 발행해 주식수가 늘면 개별 주식에 배당되는 기업 가치가 감소하기 때문이다. 이는 당연히 주가 하락으로 이어진다.

예를 들어 기업 가치가 200만 원 그대로인데 주식 수만 100주에서 200주로 증가하면 주가는 절반으로 떨어지게 마련이다. 이에 유상증자는 기존 주주들의 반발을 사게 된다. 물론 유상증자를 통해 들어온 돈으로 투자를 해 기업이 성장을 함으로써 더 많은 이익이 생겨 주가가 더 오를 여지도 있지만 단기적으로 유상증자는 주가를 떨어트리는 요인이다. 이에 유상증자는 기존 주주들의 반발로 실행하기 어렵다.

주식을 시가 이상으로 발행하는 '할증발행'은 기업으로 많은 돈을 유입시키는 만큼 기존 주주에게 도움이 되지만 시장에서 시가로 살 수 있는 주식을 더 높은 가격에 사야 하는 할증발행에 참여할 사람은 기업 오너 외에는 아무도 없다. 즉 오너가 사재를 털어 기업을 더욱 키워보려고 하지 않는 이상 할증발행은 불가능하다.

이에 대개의 유상증자는 시가 이하로 주식을 발행하는 '할인발행'이고 대체로 주주의 반발을 사게 된다. 부득불 유상증자를 실시할 때는 기존 주주들에게 먼저 살 수 있는 권리를 부여하는 경우가 일반적이다. 싸게 주식을 살 수 있는 권리를 기존 주주들에게 주는 것이다.

 잉여금을 키우기 위해서는 기업이 지속적으로 흑자를 내야 한다. 이렇게 되면 그만큼 주주의 소유 가치가 커지는 것이므로 주가가 올라간다. 주주에게 가장 좋은 상황이다. 이때 주가는 앞으로 이익이 늘어날 것을 예상해 먼저 오르기도 한다.

 그런데 기업들은 잉여금을 오른쪽 등식상 설비자산 구입에 사용하려 들지 않는다. 이보다는 금융자산을 구입해 언제든지 현금화할 수 있기를 원한다. 계속 흑자가 발생하면 상관없지만 기업은 언제라도 적자를 볼 수 있다. 즉 상황에 따라 번 돈보다 쓴 돈이 더 많을 수 있다. 이때는 잉여금을 사용할 수밖에 없다. 이에 기업들은 적자가 날 때를 대비해 가급적 많은 잉여금을 확보하고 싶어 한다. 최근 들어 기업들의 보수적 성향이 확대되면서 기업들은 좀처럼 잉여금을 사용하려 들지 않고 있다. 오히려 이익이 생기는 대로 계속 적립하려고만 하고 있다. "기업들이 내부에 돈을 쌓아놓고 투자를 하지 않는다"는 표현은 이 같은 상황을 요약한 말이다.

 결국 투자를 고려하는 기업들이 가장 많이 사용하는 방법은 차입이다. 은행 대출이나 회사채 발행을 통해 자금을 빌려 투자에 나서는 것이다. 이렇게 하면 왼쪽 등식에서 차입금이 커진다. 기업들이 차입을 얼마나 하고 있는지는 '부채비율'로 확인할 수 있다. 부채비율은 자기자본과 비교한 차입금의 비율이다. 여기서 자기자본은 자본금과 잉여금을 합친 것이다. 즉 기업 스스로 권리를 행사할 수 있는 자기 돈을 의미한다.

이를 개인에 비유해 어떤 사람이 자기 돈 3억 원에 대출 2억 원을 보태 5억 원짜리 집을 샀다고 하자. 그런데 집값이 10억 원으로 올랐다. 이를 구분해보면 10억 원 가운데 3억 원은 순수하게 투자한 돈, 2억 원은 대출, 가격 상승폭 5억 원은 주택 구입을 통해 얻은 이익(잉여금)이다. 이때 이 사람의 부채 비율은 2억 원의 대출금을 순수 투자금 3억 원과 잉여금 5억 원을 합한 8억 원으로 나눈 25%(2억 원/8억 원)로 계산된다.

어쨌든 기업은 주로 차입 등을 통해 마련한 자금으로 투자를 하고 이를 통해 생산활동을 해 이익을 내면서 성장을 하게 된다. 이 과정에서 균열이 생기면 기업은 어려움에 빠져든다.

이러한 경로는 크게 2가지가 있다. 우선 부채비율이 너무 높을 때이다. 자기 자본 이상으로 지나치게 많은 부채를 안고 있으면 그에 따라 기업은 막대한 이자 부담을 져야 한다. 1997년 외환위기 직전 한국 기업들의 부채비율은 500%를 상회했다. 자기자본보다 5배나 많은 대출을 안고 있었던 것이다. 이에 따라 많은 기업들이 이자 부담에 휘청댔다.

다음으로 이익을 못 내고 적자를 낼 때이다. 적자가 발생하면 당분간은 버틸 수 있다. 내부에 적립해둔 각종 잉여금, 즉 기존에 벌어놓은 돈으로 더 쓴 돈을 벌충할 수 있기 때문이다. 그런데 적자가 지속돼 잉여금이 바닥나면 어쩔 수 없이 자본금까지 건드려야 하는 상황에 직면할 수 있다. 이 같은 상황에 빠진 기업을 '자본잠식' 기업이라 한다. 자본잠식 상태에 들어서면 이 회사의 실질 가치는 자본금 이하로 쪼그라들고 주가는 액면가 이하로 추락하게 된다.

이 같은 어려움을 이기지 못하면 기업들은 부도를 내면서 문을 닫을 수밖에 없다. 여기서 부도란 대출, 어음, 수표 등 기업이 갚을 의무가 있는 각종 채권을 상환하지 못하면서 증서가 휴지조각으로 전락하는 상태를 의미한다. 기업이 부도를 내고 이를 해결하지 못하면 이 기업에 받아야 할 돈이 있는 사람들은 기업 자산을 팔아 나눠

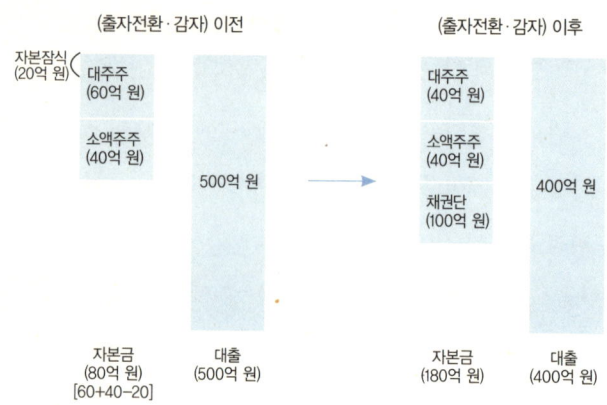

[그림 5-1] 출자전환·감자 후 기업 자본구조·대출 변화 예시

갖게 된다. 물론 주주들은 한 푼도 못 건지는 경우가 대부분이다. 채권자들이 나눠 갖고 남는 게 있어야 받을 수 있는데 그러기는 거의 불가능하기 때문이다. 대출 3억 원을 얻어 산 집 값이 2억 원으로 추락하면서 빚도 제대로 갚을 수 없는 상황으로 이해하면 된다.

채권단이 회생을 돕는 워크아웃

이 같은 극단적인 상황에 빠지지 않기 위해 어려움에 빠진 기업들은 기본적으로 자체 생존을 추진한다. 각종 자산을 매각하는 것이 대표적인 방법이다. 자산을 매각해 일부를 부채를 갚는 데 쓰면 부채비율이 감소하고, 나머지를 자기자본 확충에 쓰면 자본잠식 상태를 해소할 수 있다. 또 인력 감축 등 구조조정을 실시하기도 한다. 이를 통해 군살을 빼 비용을 줄이면 적자 폭을 줄일 수 있다.

하지만 이 같은 노력에는 한계가 있어 결국 은행의 도움을 받아야 한다. 은행의 도움을 얻어 기업이 경영 정상화를 추진하는 것을 '워크아웃(Workout)'이라 한다. 대개의 기업들은 워크아웃을 꺼린다. 워크아웃에 들어갈 정도로 어려움에 빠졌다는 사실이 알려지면 시장의 신뢰가 저하되면서 단기적으로 주가 하락 등 추가적인 어려움을 겪어야 하고 기존 경영진의 활동에 제약이 발생하기 때문이다.

이에 기업들은 가급적 워크아웃에 들어가지 않도록 어려움을 겪고 있다는 사실을 숨긴 채 다른 대출을 얻어 어려움을 타개하려고 한다. 추가로 빚을 내 기존 빚을 상환하면서 위기를 벗어나려 하는 것이다. 때로는 적자를 내면서도 흑자를 내는 것처럼 장부를 조작하는 '분식회계'를 하기도 한다. 그렇게 하면 금융권에서 보다 수월하게 빚을 낼 수 있다. 하지만 이는 투자자를 속이는 범죄 행위일 뿐더러 오래 지탱될 수도 없다. 이에 위기를 겪으면 많은 경우 워크아웃으로 가게 된다.

구체적인 워크아웃 절차는 은행권 대출이 500억 원을 초과하는 대기업에 대해서는 '기업구조조정촉진법'에 따라, 대출 500억 원 미만인 기업에 대해서는 '채권은행협약'에 따라 진행된다. 절차 이름만 다를 뿐 내용에는 큰 차이가 없다.

이때 도움을 주는 은행은 해당 기업에 대출을 해준 은행들이다. 일반적으로 기업은 1개 은행에서만 대출을 받지 않는다. 거의 모든 시중은행으로부터 대출을 받는다. 이 가운데 특정 기업에 가장 많은 대출을 하고 있는 은행을 그 기업의 '주거래은행'이라 한다. 때로는 대출이 가장 많지 않더라도 거래 경력 등에 따라 주거래은행이 결정되기도 한다. 이 같은 주거래은행 외에 해당 기업에 대출을 해주고 있는 나머지 은행들을 모두 합쳐 '채권단'이라고 부른다.

채권단은 기업이 어려움에 빠지면 주거래은행 주도로 함께 모여 해당 기업을 어떻게 처리할지를 놓고 회의를 한다. 이러한 금융기관들의 모임을 '채권금융기관협의회'

라 한다.

기업이 워크아웃에 들어가기 위해서는 채권단 75%(투표권은 빌려준 돈에 비례해 나온다. 기업 전체 채무의 50%를 차지하는 은행은 50%의 투표권을 갖는다)의 동의가 있어야 하며, 동의가 없으면 워크아웃에 들어갈 수 없다. 워크아웃에 들어가지 못하면 자체 생존이 어려운 기업은 법정관리를 받거나 파산절차로 들어간다.

기업 워크아웃은 채권단이 기업에게 회생의 기회를 주는 것이다. 채권단은 기업이 파산을 해서 빌려준 돈을 아예 받지 못하는 것보다 회생의 기회를 줘 추후에라도 돈을 받는 것이 유리하다는 판단이 들면 워크아웃을 허락한다.

이 과정에서 해당 기업은 경영정상화 방안을 수립해 추진하고, 채권은행들은 자금제공 등을 통해 이를 지원한다. 또 기존 대출은 당분간 원리금 상환을 유예하고, 장기적으로 이자 상환 부담을 덜 수 있도록 이자율을 내려주기도 한다. 당장은 부담이 되지만 회생해 대출금을 갚을 수 있도록 지원을 해준다.

채권은행들은 이 과정에서 기업이 자구계획을 잘 마련해 추진하는지 감시한다. 이에 기업의 경영권에 많은 제약이 생긴다. 하지만 기존 경영진의 경영권을 뺏는 일은 거의 없다. 잘하도록 감시만 할 뿐이다. 물론 간혹 경영진이 교체되는 일도 있다.

대주주의 소유권에 제약이 오는 경우도 있다. 대주주가 보유한 주식의 일부를 감자(무효화)해 지분율을 떨어트리는 것이다. 예를 들어 A기업의 주식이 100만 주인 상황에서 경영진이 보유한 주식이 30만 주라면 15만 주를 무효화해 보유 주식 수를 15만 주로 떨어트리는 식이다. 이를 통해 경영실패에 대한 책임을 지운다. 이에 대해 경영진은 빌린 돈을 갚지 못해 일어난 일이니 항변하지 않는다.

감자는 '자본잠식' 기업들에게 이뤄질 때가 많다. 원래 자본금이 100억 원인데 적자가 누적돼 자본금을 사용하면서 80억 원으로 감소한 상황이라면 대주주 지분 가운데 20억 원만큼의 지분을 무효화하는 식이다.

이 과정에서 채권단은 빌려준 돈을 탕감하면서 이를 주식으로 변화시키는 출자전환을 하기도 한다. 이후 채권단은 기업의 주인 중 하나가 된다. 100억 원의 대출을 이에 해당하는 주식 15만 주로 바꾸는 식이다. 그러면 기업 장부상 100억 원의 대출이 사라지는 대신 자본금이

100억 원 늘게 된다.

감자 비율이나 출자전환 비율(빌려준 돈 가운데 주식으로 전환되는 비율)은 상황에 따라 자유로이 결정된다. 이 과정에서 기업 전체 주식 수는 늘기도 하고, 줄기도 한다. 출자전환한 부분은 채권단이 투자를 한 것이 되고, 이 부분에 대해서는 당연히 기업이 갚지 않아도 된다. 추후 기업이 정상화되면 채권단은 주식을 팔아 자금을 회수할 수 있다.

법원이 기업을 경영할 때
– 법정관리

워크아웃에 실패하거나 아예 워크아웃에 들어가지 못하면 2가지 선택권이 있다. 하나는 자체 회생하는 길이다. 이를 위해 기업은 스스로 자산을 팔아 자금을 마련하거나 인력 감축 등 구조조정을 해서 갖고 있던 빚을 갚아야 한다. 하지만 워크아웃에까지 실패한 기업이 이 같은 일에 성공할 리는 만무하다. 자체 해결이 가능했다면 애초부터 워크아웃에 들어갈 필요도 없기 때문이다.

주주의 권리가 완전히 사라지는 법정관리

결국 '법정관리' 절차에 들어가게 된다. 아무도 문제를 해결하지 못하니 법원이 나서서 해결하는 상황으로 이해하면 된다. 이는 해당 기업으로부터 빌려준 돈을 받지 못한 채권단이 법원에 신청해 이뤄진다. 구체적으로 채권단은 '회생절차 개시신청 및 재산보전처분신청'이란 것을 법원에 제출한다. 법원이 이를 받아들이면 '회생절차'가 개시된다.

이 같은 회생절차가 개시되기까지는 보통 오랜 시간이 걸린다. 이에 주채권은행은 이 기간 동안이라도 기업이 생존할 수 있도록 자금을 지원하기도 한다. 이때 빌려준 자금은 만일 법정관리에 실패해 기업이 파산한다면 남은 자산을 매각하는 과정에서 가장 먼저 변제된다.

이후 법원 절차가 시작되면 기존 주주의 권리는 완전히 무시된다. 회사의 주인이 책임을 지지 못했으므로 주주의 권리는 사라지는 것이다. 구체적으로 '감자'를 통해 이뤄진다. 주주들이 보유한 주식을 모두 무효화하는 것이다. 이후부터 주주는 해당 기업에 대한 어떠한 권리도 행사할 수 없고, 빌려준 돈을 받지 못한 채권단이 기업의 주인이 된다. 빌려준 돈의 일부는 탕감되며 나머지는 주식으로 전환된다.

그리고 기업 회생을 위한 전권을 법원이 갖고 모든 경

영 사항은 법원의 관리, 감독 하에 진행된다. 즉 기업의 소유권은 채권단에, 실질적인 경영권은 법원으로 넘어가는 것이다. 이때 법원은 전문성이 있는 '법정관리인'을 선정해 이들이 임시로 경영을 맡도록 한다.

이후 법원은 회계법인을 대리인으로 선정해 해당 기업의 존속가치와 청산가치를 산정하게 된다. 이는 회사가 다시 살아날 수 있을지를 판단하는 첫 관문이다. 평가 결과 존속가치보다 청산가치가 더 높게 나오면 법원은 회생이 아닌 파산 결정을 내리게 된다. 즉 회사를 경영하기 위해서는 계속 자금을 투입해줘야 하는데 앞으로 이익을 낼 가능성이 별로 없어, 차라리 회사 문을 닫은 후 회사 자산을 팔아 채권단이 나눠 갖는 것이 더 낫다는 결론이 나오면 회사를 파산시키는 것이다.

기업이 사라지지 않지만 해체되는 경우도 있다. 이는 보통 재벌 계열사에 해당되는 경우로 어려움을 겪은 롯데기공을 2개로 나눠 건설 부분은 롯데건설에, 보일러 등 제조 부분은 롯데알미늄으로 넘긴 경우가 대표적인 사례이다. 롯데가 기업 평판에 미칠 악영향을 고려해 자체적으로 해결한 경우이다.

그렇지 않고 기술력 등이 우수해 추가 노력을 기울이

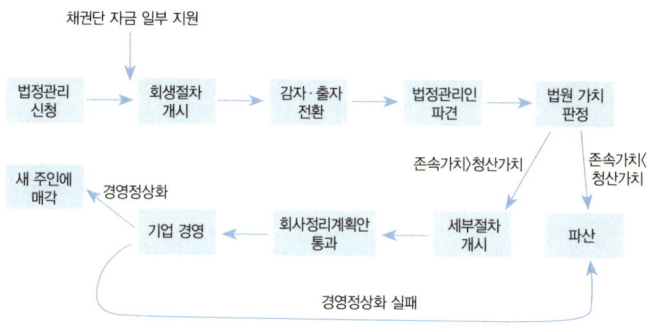

[그림 5-2] **법정관리 과정**

면 계속 이익을 낼 수 있어 유지하는 것이 더 좋다는 판단이 나오면 법원은 회생을 위한 세부 절차를 개시한다. 이 과정에서 해당 기업은 부실을 해소하기 위해 인력 감축 등 고강도 구조조정 작업을 하게 된다. 이 같은 작업은 통상 6개월 정도가 소요된다.

6개월여의 준비 기간이 끝나면 법원은 비로소 채권단 동의를 거쳐 '회사정리계획안'이란 것을 통과시켜 회사가 정상 영업할 수 있도록 해준다. 동의가 없으면 파산 절차를 밟는다. 이후 회사가 정상 영업을 통해 다시 괜찮은 기업으로 바뀌면 법원과 채권단은 회사를 안정적으로 경영할 수 있는 우량 기업을 물색하게 된다. 공개입찰을 통해 해당 기업의 '새 주인'을 찾는 것이다.

정리계획안 통과 후 정상화 과정을 거쳐 새 주인을 찾기까지는 보통 수년의 시간이 걸린다. 대한통운의 경우 7년여 기간 동안 법정관리 절차를 거쳐 금호그룹으로 팔렸다. 이렇게 하면 채권단들은 매각대금을 통해 빌려준 돈을 회수할 수 있다. 또 기업 회생이 잘 이뤄져 높은 값에 팔리면 의외로 많은 수익이 발생하기도 한다.

채권단의 지원 필요

이 같은 과정에서는 채권단의 추가 지원 노력이 필요하다. 어려움에 처한 회사를 돕기 위해 추가로 대출을 해주거나 빚 일부를 탕감해주는 노력이 대표적인 예이다. 이런 희생에 따라 법원은 회사 정리 기간 동안 중요한 결정 사항이 있을 때마다 채권단의 동의를 받는다. 채권단이 동의를 하지 않으면 정리 작업은 즉시 종료되고 회사는 파산 절차를 밟는다. 이후 채권단은 빌려준 돈의 비율대로 회사 자산을 나눠 갖게 된다.

통상 정리 작업을 보면 담보를 제공받고 돈을 빌려준 채권자들은 회사 파산에 동의하는 경우가 많다. 담보를 팔아 빌려준 돈을 회수할 수 있기 때문이다. 반면 담보

없이 돈을 빌려준 채권자들은 최대한 회사를 살리기 위해 애를 쓰게 된다. 그래야 돈을 받을 수 있기 때문이다. 회생에 동의하는 채권자들이 많으면 법정관리가 진행되고 파산에 동의하는 채권자들이 많으면 회사는 파산하게 된다.

결국 법정관리도 워크아웃처럼 채권단의 전체적인 동의가 없으면 진행되기 어렵다. 다만 법원이 중간에서 중재를 함에 따라 채권단이 자체적으로 워크아웃을 진행할 때보다 합의가 잘 이뤄지는 차이점이 있다. 워크아웃 과정에서 채권단 사이에 이견이 생기면 법정관리로 갈 때가 많다.

또 워크아웃을 할 때는 대주주의 경영권이나 소유권이 일부 보장되지만 법정관리로 가면 이들의 권리가 무조건 무시된다는 차이점이 있다. 이 밖에 워크아웃 때는 상거래채권이 동결되지 않지만 법정관리 때는 상거래채권도 동결돼 어음을 막을 필요가 없어진다. 이 같은 법정관리는 워크아웃 때보다 도덕적 해이가 심화된다. 당분간 상거래채권까지 갚을 필요가 없어지면서 법원과 채권단이 회사를 살려줄 것으로 믿고 종업원들이 서로의 이익만 추구하는 상황이 대표적인 경우이다.

법정관리와 비슷한 제도로 '화의'란 제도가 있다. 기업이 법원에 신청해 받아들여지면 법원은 해당 기업에 대한 채무를 동결해 아무도 회수하지 못하도록 한다. 다만 이 경우에도 채권단 동의는 필요하며 동의가 없으면 파산 절차로 넘어간다. 임금, 조세, 저당권 등은 동결되지 않아 화의가 결정돼도 이러한 채권을 보유한 사람은 기업에 상환을 요구할 수 있다.

이후 법원은 기업과 채권자 사이의 합의를 주선해 기업이 5년 이상 기간 동안 채무를 분할 상환할 수 있도록 해준다. 법정관리와 달리 기업에 법정관리인이 파견되지 않으며 기존 경영진의 경영권이 그대로 유지된다. 따라서 기업 입장에서 유리하다. 화의는 기업 구조조정 강도 측면에서 워크아웃과 법정관리의 중간 단계라 할 수 있다.

이 밖에 '사적 화의'라는 것이 있다. 워크아웃처럼 추가 지원은 없지만 채권단 100% 동의를 얻어 채권단과 기업이 합의해 채무 상환을 연기하는 것을 의미한다. 이것이 실패하면 기업은 워크아웃을 신청하게 된다. 비슷한 제도로 자율협약도 있다. 이 역시 채권단과 기업이 자율적으로 합의해 기업을 회생시키는 제도로 절차는 워크아웃과 비슷하지만 '워크아웃기업'이라는 불명예를 쓰지 않아도

돼 기업들이 선호한다.

정부가 나서서 살리는 경우도 있다. 정부가 공적자금을 마련한 뒤 이를 기업에게 빌려줘 기업이 은행 빚을 갚을 수 있도록 하는 것이다. 이후 정부는 기업에 빌려준 돈을 출자전환해 정부 소유로 바꾼다. 경영이 정상화되면 민간에 기업을 매각해 돈을 회수한다. 이 같은 일은 은행이 기업으로부터 빚을 받지 못하면 은행까지 어려움에 처할 수 있는 상황에서 해당 기업이 국가 경제적으로 매우 중요할 때 이뤄진다. 이에 기업 파산을 막고 은행까지 살리기 위해 정부가 직접 나서게 된다. 실무는 자산관리공사(KAMCO; 캠코)가 맡는다.

'종기는 커지기 전에 없애야'
– 기획 구조조정

경제위기가 발생하면 정부와 금융권은 기업 구조조정에 들어갈 때가 많다. 모든 기업을 전수 조사해 괜찮은 기업과 그렇지 않은 기업을 가려내는 것이다. 이는 크게 2가지 이유 때문이다. 우선 위기가 발생하면 은행권은 모든 기업에 대한 대출을 꺼린다. 떼일 위험이 커지기 때문이다. 이 과정에서 괜찮은 기업이 대출을 받지 못할 가능성이 생긴다. 이렇게 되면 괜찮은 기업도 자금난으로 위기에 처할 수 있다. 이에 기업 전수 조사를 통해 괜찮은 기업을 가려내면 이들은 대출 중단에 따른 위험에서 벗어날 수 있다.

둘째 이유는 어려움에 빠진 기업을 가려내 구조조정하

기 위해서이다. 구조조정 없이 부실 기업의 수명이 연장되면 위기가 길어지는 과정에서 무너지는 기업이 속출할 수 있고 이 과정에서 경제는 큰 충격을 받을 수 있다. 이에 이 같은 충격을 미연에 방지할 수 있도록 상황이 좋지 않은 기업은 가려내 미리 구조조정을 해야 한다. 이는 종기가 더 커지기 전 아픔을 감내하고 짜내는 상황과 유사하다. 가만히 놔두면 저절로 없어지는 경우도 있겠지만 더 커지면서 문제를 유발하는 경우가 대부분이니 미리 없애는 것이다.

기업 신용위험 평가

사실 은행들은 평소 이 같은 작업을 꾸준히 하고 있다. 특히 50억 원 이상 대출을 해주고 있는 기업에 대해서는 1년마다 신용위험 평가를 한다. 기업 경영 상황이 어떤지를 평가해 앞으로 대출 부실이 일어날 수 있는지 미리 점검하는 것이다. 국민은행의 경우 AAA~D까지 17등급으로 기업 신용을 매년 평가하고 있다. 이를 통해 은행들은 문제 기업을 걸러내고 있다.

위기 상황에서 이 같은 평가는 좀 더 자주 강하게 이

뤄진다. 평소에는 문제 없을 것으로 넘어갈 수 있는 기업도 구조조정 대상에 포함해 사전 대비를 할 수 있도록 하는 것이다.

특히 어려움을 겪고 있는 산업군을 분류해 별도의 강도 높은 기획 구조조정을 실시하기도 한다. 2008년 금융위기 당시에는 조선, 건설, 해운 등이 해당 분야였다. 또 중소기업에 대해서는 업종에 관계없이 관련 조정이 이뤄졌다. 은행들은 이를 위해 협의체를 구성하기도 했다. 기획 구조조정에서 은행들은 보통 기업을 크게 5등급으로 분류하게 된다. 1등급은 전혀 문제가 없는 기업들로 평소와 비슷한 조건으로 계속 거래 관계가 이루어진다.

그렇지 않은 기업은 2~5등급으로 분류해 관리한다. 이들에게는 별도로 A, B, C, D등급이 부여된다. 이 가운데 A와 B등급에 해당하는 기업에는 추가 대출을 통해 기업이 스스로 어려움을 타개할 수 있도록 한다. C등급 기업에는 워크아웃을 실시해 경영에 강한 제약을 두되 좀 더 많은 지원을 실시한다. 그리고 D등급은 회생 가능성이 없는 것으로 판단해 대출 지원 등을 끊고 법정관리 절차로 넘기거나 파산 절차를 밟게 한다. 이때 퇴출되는 기업의 업무는 동종업체로 이관하며 퇴직 인력들의 재취업을 국가가 알선하기도 한다.

이러한 등급 분류를 위한 기업 평가는 크게 2가지 방법에 의해 이뤄진다. 재무평가와 비재무평가가 그것이다. 재무평가는 이익 현황, 대출 연체 현황 등이 주 내용이다. 비재무평가는 경영진 경험, 평판 등을 내용으로 한다. 비재무평가가 실시되는 것은 당장 어려움에 처한 기업이라 하더라도 경영 능력이 좋은 기업이라면 위기를 타개할 가능성이 있어 이를 인정해주자는 취지 때문이다.

하지만 비재무평가는 계량화하기 어려운 부분이라 평가자의 자의적인 판단에 의존할 때가 많다. 이에 비재무평가 비중이 너무 높으면 평가가 불공정할 가능성이 커지고, 이를 유도하기 위해 피 평가 기업들은 각종 로비를 벌이기도 한다. D등급을 받아 시장에서 사라지는 것을 막기 위해 각종 로비를 벌이는 것이다. 이에 따라 기업 구조조정은 그 의미가 퇴색될 때가 많다.

이때 구조조정을 누가 주도할 것이냐의 문제가 발생할 수 있는데 정부는 명목상 은행이 주도하도록 했다. 해당 기업에 대출을 하고 있는 은행이 그 기업에 대한 사정을 가장 잘 알 수 있기 때문이다.

그런데 은행은 기획 구조조정에 소극적으로 임할 때가

많다. 기업이 구조조정 대상으로 지정되면 이는 해당 기업에 대한 대출이 부실화될 가능성이 높아졌다는 것을 스스로 인정하는 것이 된다. 이렇게 되면 은행은 법규상 해당 대출이 떼일 가능성에 대비해 충당금을 쌓아야 한다. 충당금은 이익에서 가져오게 된다. 결국 이익이 그만큼 줄어든다. 추후 실제 대출을 떼이면 은행은 그 손실을 충당금으로 만회한다.

은행은 충당금 쌓기를 가급적 꺼린다. 당장 이익이 줄어들기 때문이다. 특히 위기 상황에서 은행은 다른 요인으로도 이익이 크게 줄게 된다. 여기에 충당금 적립을 통해 이익이 더 줄면 은행은 재무제표가 악화되면서 주주들로부터 큰 비판에 직면할 수 있다.

이에 은행은 가급적 충당금 쌓기를 주저하고 이를 위해 구조조정 기업 지정을 최소화하려는 노력을 하게 된다. 추후 해당 기업이 실제 부실화되는 것은 부차적인 문제가 되는 것이다. 이는 큰 모순이다. 당장 이익이 줄더라도 기업 구조조정을 적극 실시해야 더 큰 손실을 막을 수 있기 때문이다.

하지만 위기 상황이 되면 당장 이익에 집착할 수밖에 없어 모순이 되는 선택을 할 때가 많다. 실제로 기존 거래기업의 퇴출을 가급적 미루면서 새로운 대출만 줄이는 방식으로 대응하는 은행들이 많았고, 이 과정에서 웬만해선 거래 기업을 위험 기업으로 분류하지 않는 일이 팽배했다. 일부 은행들은 금융당국에 충당금 적립 의무를 완화해 달라고 요구하기도 했다. 규정보다 적게 쌓으면 실제 대출이 떼이기 전까지는 손실을 줄일 수 있기 때문이다.

이에 대해 금융당국은 난색을 표했고 대신 엄정한 평가를 실시하라고 시중은행에 수시로 경고하곤 했다. 반면 A, B등급을 받은 기업에 대해서는 적극적인 지원을 요청했다. 은행들은 이들 기업에 대한 지원도 꺼렸다. 추가 대출을 실시한 후 경기 상황에 따라 얼마든지 부실화

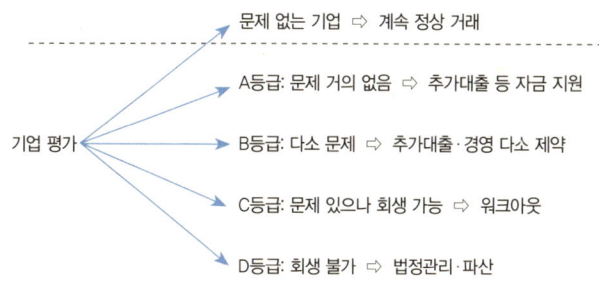

[그림 5-3] **중소기업 기획 구조조정 절차**

될 가능성이 있기 때문이다. 이에 정부는 금융위기 기간 대출의 50.4% 이상은 중소기업 대출로 구성해야 한다는 목표비율 설정, 대출 만기 1년 의무 연장, 국가 보증 지원, 대출 가운데 보증 비율 확대 정책(개별 기업 대출액의 80%를 보증해주던 기술보증기금, 신용보증기금 등 국가기관들에게 대출액의 100% 보증을 지시하는 식) 등을 실시했다. 이에 따라 정책이 없었다면 대출에 애를 먹었을 많은 중소기업들이 정책을 통해 수혜를 입었다.

대기업 재무구조개선약정

대기업에 대해서는 별도의 특별 점검이 이뤄지기도 한다. 대기업의 도산은 경제에 큰 충격이라 미리 가려내야 하기 때문이다. 정부는 이를 위해 부채 규모가 많은 대기업 그룹을 '주채무계열'로 지정하고 있다. 은행들은 정기적으로 이들에 대해 재무평가를 실시해 그 결과를 금융당국에 보고한다. 결과가 좋지 않을 경우 은행들은 해당 대기업과 '재무구조개선약정(재무약정)'을 맺는다.

재무약정에는 분기별로 달성해야 할 여러 경영안정 목표가 담겨 있다. 부채비율(자기자본 대비 부채 크기)을 내리거나 이자보상배율(이자 부담 대비 영업이익)을 올리는 노력 등이 대표적인 예이다. 은행은 약정 준수 사항이 미흡하면 여러 개선 요구를 할 수 있고 최종적으로는 신규 대출 중단은 물론 기존 대출 회수를 통해 기업에 대한 지원을 중단하게 된다. 이러한 재무약정은 워크아웃 과정과 유사해 대기업들은 이를 가급적 피하려 한다. 2010년 외환은행의 재무약정 체결 요구를 오랫동안 거부한 현대그룹이 대표적인 예이다.

이 같은 점검은 대기업 압박용으로 사용될 때도 있다. 경제 위기를 빨리 타개하기 위해서는 기업들이 투자와 고용을 늘려야 한다. 하지만 너도나도 몸 사리기에 나서면 투자와 고용이 잘 이뤄지지 않는다. 이에 정부는 "투자와 고용 부진을 기업 상황 악화 신호로 해석하겠다"는 신호를 줘 기업들의 투자 고용 확대를 유도하기도 한다. 상대적으로 형편이 좋은 대기업들이 먼저 나서서 경제를 활성화하라는 주문이다. 이에 대해 관치(官治)라는 비판도 있다.

금융당국은 이와 함께 중소기업에 대한 대출을 적극 독려했다. 외화채무에 대해 지급 보증을 하거나 자금을 지원해주는 대신 중소기업 대출을 늘리라고 강제한 것이 대표적인 예이다. 실제 위기 기간 은행들은 정부와 매달 5,000억 원씩 대출을 늘리겠다고 약속한 바 있다.

중소기업 구조조정 이면에 기업 살리기 대책이 함께 진행된 셈이다. 이는 대출을 받지 못해 중소기업이 흑자도산하는 것을 막기 위한 방편이었다. 정상적인 영업활동이 이뤄짐에도 대출을 얻지 못해 기존 빚을 상환하지 못함으로써 도산하는 일을 막는 것이다.

하지만 이러한 정책은 한편으론 구조조정 정책의 효과를 반감시켰다. 구조조정돼야 할 기업이 제대로 걸러지지 않은 상황에서 이러한 기업에까지 대출이 실시된 것이다. 심지어 대출을 챙긴 뒤 일부러 기업을 도산시키는 도덕적 해이가 발생하기도 했다. 도덕적 해이는 일부 금융기관 사이에서도 발생했다. 신규 대출이 부실화되면 정부가 보상해줄 것이라 믿고 특별한 심사 없이 대출을 해준 경우도 있었다. 엉뚱한 기업에 지원이 돌아가지 않도록 심사가 필요했는데 이를 게을리 한 것이다.

정부는 금융위기 기간 기획구조조정을 원활하게 추진하기 위해 관련 정책을 종합 조정하는 '채권금융기관 조정위원회'를 만들기도 했다. 정부가 전면에 나서면 관치 논란을 부를 수 있어 민간 기관을 설치한 것이었다. 하지만 이는 형식적인 기관에 불과했고 별로 힘이 없었다. 따라서 대부분의 작업은 시중은행과 금융당국의 협의 하에 진행됐다.

결과적으로는 금융당국이 모든 구조조정을 주도하게 된다. 이 과정에서 금융당국의 역할에 모순이 생길 수 있다. 금융당국의 설립 취지는 금융회사를 적절히 감독하면서 금융업 발전을 도모하는 데 있다. 하지만 산업 구조조정을 추진하다보면 이 같은 취지보다 기업 위주의 정책에 초점을 맞추게 되고 결국 금융 발전은 오히려 뒤처질 수 있다. 그렇다고 해서 금융 발전을 우선순위에 두면 원활한 산업 구조조정에 실패할 수 있다. 결국 중용이 중요한데 지키는 것은 무척 어렵다.

이 밖에 정부가 문제해결을 주도하면 구조조정을 제대로 하지 않는 기업이 다수 등장할 위험도 있다. 결국 정부가 살려줄 것이니 이를 믿고 힘겨운 구조조정을 하지 않는 도덕적 해이가 발생하는 것이다. 또 어떤 기준에서든 일부 기업만 지원을 받아 회생하는 공평성 훼손의 문제가 발생하기도 한다.

개인이 워크아웃을 한다?

워크아웃은 기업에게만 진행되는 것이 아니다. 빚을 못 갚게 된 개인에게도 적용된다. 그중에 프리워크아웃(Pre-workout)이란 것이 있다. 통상 개인이 복수의 금융기관에 빚을 진 뒤 3개월 이상 연체하면 채무불이행자로 분류된다. 프리워크아웃은 이 같은 일이 벌어지기 전에 채무조정을 실시해 채무불이행자 양산을 막고 개인회생을 돕는다. 은행들이 어려운 중소기업을 상대로 채무감면과 만기연장을 통해 회생을 돕는 것과 비슷한 개념이다.

대상은 금융권 대출이 5억 원 미만이고, 연체기간이 1개월~3개월인 다중채무자이다. 두 곳 이상의 금융회사에서 돈을 빌리고 1개월 이상 연체한 개인이 프리워크아웃을 신청하면 심사를 거쳐 연체이자를 감면하고 기존 이자는 최저 연6%, 상환기간은 최장 20년까지로 조정한다.

신청자 중 채무가 총 소득의 30%보다 낮거나 신청 6개월 이전에 새로 빌린 돈이 전체의 30%를 넘는 경우는 신청 대상에서 제외된다. 갚을 수 있음에도 빚을 갚지 않으려는 채무자들의 도덕적 해이를 방지하기 위해서이다. 프리워크아웃이 실시되려면 해당 개인에게 대출을 해주고 있는 은행의 동의를 얻어야 한다. 기업에 워크아웃이 실시되는 것과 비슷하게 은행의 동의 절차를 뒀다.

이와 별도로 신용회복기금을 통한 저신용자 채무조정도 실시된다. 기금과 협약을 맺은 금융기관 및 대부업체에서 3,000만 원 이하를 3개월 이상 연체한 저신용자를 대상으로 한다. 정책에는 자산관리공사도 참여한다.

이 같은 지원으로도 회생에 성공하지 못하는 사람들은 연체기간이 3개월을 넘으면서 채무불이행자가 돼 이자탕감과 상환기간 연장 등 추가 채무조정을 받거나, 법원에 개인파산을 신청해야 한다. 기업이 법원 결정을 통해 파산하는 것과 같다. 이후에는 경제활동에 큰 어려움이 생긴다. 정부는 이 같은 기록을 남기지 않겠다고 했지만 은행 전산망에 기록이 남아 취업, 금융거래 등에 각종 제약이 발생하고 있어 논란거리로 남아 있다.

Seven Days Master Series

step 6

기업 경제학

기업 사냥꾼을 막아라
— 기업 경영권 방어장치, 포이즌필의 양면성

 기업은 경제를 움직이는 가장 중요한 축이다. 투자, 생산 등 기업활동이 활발해야 경제가 활력을 얻고 원활하게 돌아간다. 이에 기업활동과 관련한 주요 이슈를 알아두는 것은 무척 중요하다. 기업을 둘러싼 환경은 금융위기를 계기로 크게 변하고 있다. 위기 전에는 좋은 경기를 바탕으로 대부분의 기업들이 호황을 구가했다. 하지만 위기 이후 각종 환경이 악화되면서 경영활동에 큰 애로가 발생하고 있다. 이에 따라 기업 사이의 합종연횡이 활발해질 전망이다. 어려우니 힘을 합쳐 위기를 타개하는 것이다. 특히 어려움을 겪고 있는 기업들에 대한 사냥이 치열해질 것으로 보인다. 지배구조가 취약한 기업들이 좋은 먹잇감이다. 한국 기업들이 지배구조에 어떤 문제가 있고, 이 같은 기업들이 어떻게 외부 공격에 대응하는지 알아본다. 또 위기 이후 한층 강화된 정부의 기업 규제 정책에 대해서도 소개한다.

기업 사냥꾼을 막아라

기업 경영진 입장에서 가장 두려운 것은 뭘까? 실적 악화도 큰 두려움 중 하나지만, 언제 누가 나타나 자기 기업을 뺏을지 모른다는 공포가 실은 가장 크다. 예를 들어 A기업의 대주주가 지분의 30%를 보유하고 있다고 하자. 나머지 지분은 여러 사람에게 분산돼 있어 A기업의 대주주는 경영권을 자유롭게 행사할 수 있었다. 그런데 어느 날 B라는 사람이 나타나 해당 기업의 지분을 사들이기 시작했다고 하자. 주식 시장에서 공개 매수하는 것은 물론, 주요 주주들을 찾아다니며 주식을 사들이는 것이다. 이 같은 노력에 따라 B의 지분율이 대주주 지분율 30%는 물론 과반수인 50%를 넘어서면 이 기업의 소유권은 B에게 넘어간다. 이후 주주총회를 개최해 대주주를 대표이사에서 해임시키고 자신 혹은 자신을 보좌할 사람을 대표에 앉히면 기업을 완전하게 장악할 수 있다. 이같은 상황을 '적대적 인수합병(M&A)'이라 한다. 합의에 의한 것이 아니라 원래 대주주의 의사에 반해 M&A를 한다는 의미이다.

경영진들은 이를 막기 위해 다양한 방어수단을 구축하고 있다. 이러한 방어 수단 중 대표적인 것이 포이즌필 (Poison pill)이다. 포이즌필은 특정 기업이 외부로부터 적대적 M&A 공격을 받게 될 경우, 회사가 자체적으로 새로운 주식을 발행한 뒤 이사회가 주주들에게 시가보다 훨씬 싸게 신주를 매입할 수 있는 권리를 주는 것을 의미한다.

구체적으로 주주의 2/3가 동의하면 정관에 관련 사항을 넣을 수 있도록 했고, 추후 실제 시도가 있을 경우 이사회가 정관에 따라 자율적으로 결정할 수 있다. 이렇게 되면 기존 주주가 싼값에 지분을 추가로 보유할 수 있게 돼 기존 주주의 지분율이 올라가고 적대세력의 지분율은 떨어져 M&A 시도를 무력화시킬 수 있다.

예를 들어 A기업이 전체 주식의 30%에 달하는 물량을 새로 발행한 뒤, 대주주와 이를 지지하는 다른 주주에게 시가보다 매우 낮은 헐값에 매입할 수 있도록 하면

A기업의 대주주 측은 기존 주식과 합쳐 50% 이상 지분을 확보하면서 외부 공격을 방어할 수 있다.

정부는 법무부를 중심으로 기획재정부, 금융위원회, 공정거래위원회, 지식경제부가 참여하는 '경영권 방어법제 개선위원회' 태스크포스(TF)를 통해 포이즌필 도입을 논의해왔고 합의 끝에 포이즌필을 도입했다.

그런데 포이즌필에는 양면성이 있다. 적대적 M&A를 막아 기업의 경영권을 방어하는 데는 효과적이지만, M&A를 통해 경쟁력 있는 대형업체를 육성하고 M&A 활성화를 통해 시장자율 분위기를 확산시키는 데는 방해가 된다. 즉 A기업이 경쟁력 있는 동종업체에 인수되면 이 동종업체의 경쟁력이 강화되면서 세계적인 회사가 될 수 있는데 이 같은 가능성이 제한된다.

이 밖에 불투명한 기업 지배구조를 영속화할 염려가 있다. 한국 대기업 총수들은 소수 지분으로 회사를 지배하고 있다. 이에 기업 경영에 왜곡이 많다. 이 같은 상황에서 포이즌필이 부여되면 건전한 경영 의지를 갖고 있는 측의 정상적인 인수합병 시도를 무력화시킬 수 있다. 뿐만 아니라 외부로부터 특별한 위협이 없는 데도 위험요인이 있는 것처럼 포장해 포이즌필을 시행함으로써 대주주가 헐값에 지분율을 늘리는 용도로 활용될 수 있다.

또 효과 자체에도 의문이 있다. 1997년 미도파 백화점이 해외업체로부터 경영권 방어를 위해 주주들에게 신주인수권부사채(Bond with Warrant; BW)를 과다 발행한 일이 있었다. BW는 채권이지만 여기에는 신주인수권리가 붙는다. 이에 채권을 구입한 만큼 이에 해당하는 수량의 주식을 살 수 있다. 미도파가 이러한 BW를 대량 발행하자 시장에는 미도파의 주식 수가 급증할 것이란 우려가 확산됐다.

회사 가치는 그대로인데 주식 수가 늘어나면 결과는 자명하다. 주가가 폭락하는 것이다. 여기에는 해당 기업의 경영권이 불안하다는 우려도 영향을 미쳤다. 결국 미도파의 주가는 BW 발행 결정 전에 비해 1/5 수준으로 떨어지고 말았고 이는 회사 파산의 도화선이 됐다. 회사를 지키기 위한 결정이 오히려 도산을 부추긴 것이다.

이 같은 부작용 때문에 포이즌필에 대한 회의론도 많다. 이에 도입해선 안 된다는 반론도 만만치 않았다. 하지만 정부는 "방위산업 등 국가 기간산업은 경영권 보호가 필요하다"며 "공격에 취약하면서 외국인 소유가 곤란한 산업에 대해서는 일정 정도 경영권 보호제도가 필요하다

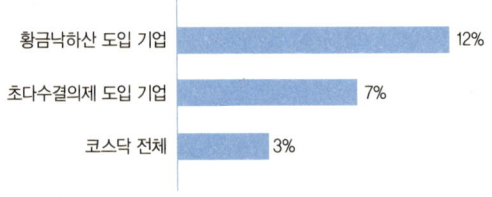

[그림 6-1] 코스닥 상장사 중 기업 유형별 상장 폐지 비율
*자료: 코스닥 상장 법인협의회, 2008년

는 것이 정부의 기본 입장"이라는 논리로 포이즌필을 도입했다.

그동안 재계는 포이즌필 등 경영권 보호제도 도입을 꾸준히 주장해왔다. 적대적 M&A를 방어할 수 있는 수준까지 지분율을 높이기 위해 거액을 들여 자사주를 매입하는 등 경영권 보호를 위해 많은 비용을 써왔기 때문이다. 법무부에 따르면 경영권 보호 관련 비용이 연간 4~7조 원에 달한다.

포이즌필은 미국과 일본 등에 도입돼 있으며 2005년 제도를 도입한 일본에서는 기업별로 해당 조항의 약관 명시가 붐을 이루고 있다. 이에 대해 이사회가 운영 과정에서 포이즌필을 남용하지 않도록 기관투자가 등 외부의 견제가 필요하다는 시각이 있다.

CEO를 황금낙하산에 태워라

포이즌필 외에도 경영권을 보장할 수 있는 장치는 여러 종류가 있다. 황금낙하산, 초다수결의제, 집중투표제 배제, 복수의결권주, 황금주 등이 대표적이다.

우선 '황금낙하산'이란 CEO가 기업과 고용계약을 할 때 재임 중 기업의 소유권이 바뀌면 엄청난 보수를 받기로 약속하는 것을 의미한다. 이렇게 해두면 기업을 인수하는 측은 현재 CEO에게 막대한 보상을 해줘야 해 인수 부담이 크게 증가한다. 이에 인수합병을 포기할 가능성이 있다.

'초다수결의제'란 경영진을 교체할 때 필요한 의결권 비중을 대폭 높이는 것을 의미한다. 예를 들어 CEO를 교체할 때 주주 50% 이상의 동의가 필요한 것이 아니라 70% 이상의 동의를 얻어야 한다고 강제하는 식의 장치이다. 이렇게 하면 인수합병을 추진하는 쪽이 경영진을 교체해 경영권을 행사하기 위해서는 70% 이상의 주식을 확보해야 해 사실상 인수가 불가능해질 수 있다. 이때 현재 경영진은 우호지분이 30%만 넘어도 경영권을 안정적으로 유지할 수 있다. 30%를 약간 넘는 반대표만 행사해도 인수 측이 70%의 동의율을 확보할 수 없어 경영진을 교체하지 못하기 때문이다.

'집중투표제 배제'란 상법상 의무로 규정돼 있는 "주주총회에서 투표를 거쳐 순위대로 이사를 선임한다"는 내용의 집중투표제를 지키지 않아도 된다는 의미이다. 집중투표제가 실시되면 적대적 인수합병을 시도하는 쪽은 자신의 지분 비율대로 이사를 선임할 수 있다. 예를 들어 5명의 이사를 선임하는데 40%의 지분을 보유하고 있다면 2명의 이사를 자기편으로 뽑을 수 있다는 의미이다.

이 같은 제도를 배제해 놓으면 현 경영진 측은 이사 개개인별로 선임 안건에 대해 주주총회의 가부를 물을 수 있다. 여기서 이사들이 각각 50% 이상의 동의를 얻으면 모두가 자리를 지킬 수 있다. 이를 깨기 위해서는 인수합병을 시도하는 측이 무조건 50% 이상의 지분을 보유해야 한다. 그렇지 않으면 경영에 영향을 주기 어렵다.

'복수의결권주'란 특정 주식에 몇 배의 의결권을 부여하는 방식이다. 예를 들어 10% 지분을 보유한 현 경영진 측에 50%의 의결권을 주는 식이다. 이렇게 하면 1주로 5주에 해당하는 경영권을 행사할 수 있어 소수의 지분만으로 기업을 지배할 수 있다. 이 제도가 도입돼 있으면 인수합병을 시도하는 측은 아무리 많은 지분을 확보해도 현 경영진의 의결권 수를 넘어설 수 없다.

'황금주'란 어떤 의사결정에 있어 거부권을 갖고 있는 주식을 말한다. 황금주를 갖고 있으면 주주총회에서 다수결에 의해 결정된 사안에 대해 거부할 수 있고 이는 곧바로 주주총회 결정을 무력화시킨다.

이러한 경영권 방어장치들은 넓은 의미의 포이즌필에 포함된다. 이러한 여러 경영권 방어장치 가운데 한국에는 '황금낙하산'과 '초다수결의제'가 도입돼 있고 나머지는 도입돼 있지 않다. 기존 지배주주의 권한이 무분별하게 비대해질 수 있다는 우려에서이다.

특히 현 경영진과 합의 없이 지분 확보를 통해 기업을 매수하려는 적대적 인수합병을 반드시 부정적으로 볼 필요가 없다는 견해도 많다. 효율적인 경영진이 새로 들어와 어려운 기업을 되살리는 기회가 될 수 있기 때문이다. 또 각종 경영권 방어장치는 실적이 좋지 않은 기업들의 방패막이로 활용되는 경우도 많다. 실적이 좋지 않고 지배구조가 불안한 기업들이 왜곡된 상황을 유지하기 위해 경영권 방어장치를 활용하는 식이다.

실제 사례를 들여다보면 경영권 방어장치를 도입한 기업들의 실적은 좋지 않은 편이다. 한 조사에 따르면 포이즌필 도입 기업의 56%가 평균 기업의 실적에 못 미치고 있다.

이 밖에 2008년 기준 코스닥 등록기업 가운데 상장폐지 비율은 3%였지만 황금낙하산을 도입한 기업 가운데 상장 폐지율은 12%에 달했다. 이에 따라 외국에서는 각종 경영권 방어장치를 도입한 기업에 대해서는 주가 등에 있어 저평가를 하는 경우가 많다. 회사가 불안하니 경영권 보호장치를 도입했다고 보는 것이다.

이에 미국에서는 경영권 방어장치를 도입하는 기업 비중이 갈수록 줄어들고 있다. 미국 시가총액 상위 500대 기업 가운데 포이즌필 도입 기업 비중은 1990년 70% 대에서 2006년 50% 미만으로 떨어진 상태이다. 포이즌필을 도입했다가 이를 없애면 기업 경영에 대한 자신이 생겼다는 메시지로 읽혀 주가 부양에 큰 도움이 된다는 것이 외국의 경험이다. 결국 포이즌필은 기업 경영권을 지키는 데 큰 힘이 될 수 있지만 기업에 대한 인식을 좋지 않게 한다는 측면에서 해가 될 수 있다. 포이즌필(독약)이란 명칭이 붙은 것도 이 때문이다.

삼성그룹이 지주회사가 못 되는 이유
– 기업 지배구조 문제

삼성, 현대자동차 등 재벌 그룹의 상속 문제는 언제나 뜨거운 감자로 통한다. 많은 이들의 관심 사항이기도 한다. 그런데 대체로 깔끔하게 해결되는 경우는 거의 없다. 여기에는 기업 지배구조 문제가 들어 있다.

왜곡 많은 한국 기업들의 지배구조

한국 기업의 지배구조는 무척 취약하다. 공정거래위원회에 따르면 상위 43개 재벌 그룹의 총수들은 평균 2.11%의 지분을 보유하고 있다. 여기에 친족과 임원 등의 지분을 합해도 보유 지분율은 6.38%에 그친다.

대표적으로 삼성그룹의 총수지분율은 0.31%에 그치고 SK의 총수지분율도 0.82%에 불과하다. 특히 그룹 총수들은 평균적으로 계열사 10개 중 6개의 지분을 전혀 소유하지 못하고 있는 것으로 나타났다. 총수들이 그룹 소속 모든 계열사들의 지분을 상당 부분 보유하고 있을 것이란 상식을 깨는 결과이다. 총수들이 그룹에 미치는 영향력을 감안한다면 총수가 지분을 갖지 못한 계열사들은 명목상 그룹에 소속돼 있을 뿐 사실상 계열사로 보기 어렵다.

이처럼 총수 지분율이 낮다보니 효율적인 상속도 안되고 있다. 지분을 물려받은 뒤 정직하게 상속세를 내고 나면 남는 지분이 거의 없게 되는 것이다. 이렇게 되면 몇 번의 대물림을 거치는 동안 결국엔 명목상이나마 갖고 있던 기업 소유권을 잃을 수 있다. 이에 따라 각 재벌가들은 편법을 써서라도 세금을 내지 않고 상속하려는 시도를 하게 된다. 재벌 2세에게 자기 회사 주식을 헐값에 살 수 있는 권리를 부여하는 경우가 대표적이다. 이는 재벌 그룹의 도덕성을 심하게 훼손하는 동시에 재벌을 공격하는 주된 도구가 되고 있다. 결국 투명한 상속을 위해서라도 재벌그룹 지배구조 개선은 반드시 필요하다.

하지만 이를 위한 지배 지분 확보는 거액이 소요돼 무척 어려운 일이다. 이에 그룹 총수들은 여러 가지 우회 전략을 쓴다. 계열사끼리 지분을 보유하도록 하는 것이 대표적인 방법이다. 그룹 내 계열사끼리 서로 지분을 갖게 함으로써 각 계열사를 지배하는 것이다.

예를 들어 A기업과 B기업의 지분을 각각 5%만 갖고 있는 그룹 총수가 지배력을 늘리기 위해 A기업으로 하여금 B기업의 지분을 50% 이상 사들이게 하고, B기업으로 하여금 A기업의 지분을 50% 이상 사들이게 하는 식이다. 이렇게 하면 총수는 A를 통해 B를 지배하고, 역으로 B를 통해 A를 지배할 수 있다. 즉 A기업이 보유한 B기업의 지분 50%와 B기업이 보유한 A기업 지분 50%를 자기 지분처럼 행사하는 것이다. 이렇게 하면 총수는 A와 B에 대해 절대적인 지배력을 행사할 수 있다.

이는 여러 왜곡을 만들어낸다. 그중에서 A, B기업이 서로의 지분을 사들이기 위해 각자 이익을 사용하는 것이 가장 큰 문제로 지적된다. 다른 주주들에게 돌아가야 할 이익을 희생해 서로의 주식을 사들이는 것이기 때문이다. 결국 기업 총수를 제외한 나머지 주주들이 큰 손해를 보게 된다.

비고	총수 일가 소유 지분율	의결 지분율	의결권 승수
삼성	3.57%	28.88%	8.09배
현대자동차	6.62%	37.05%	5.6배
SK	2.19%	37.33%	17.05배
LG	5.38%	37.6%	6.99배
롯데	12.02%	52.73%	4.39배

삼성 환상형 출자

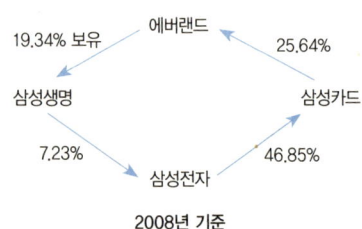

2008년 기준

[그림 6-2] **기업집단별 의결권 승수**
 *자료: 2008년 공정거래위원회

    그럼에도 대부분의 그룹들이 이 같은 방식을 애용하고 있다. 공정위에 따르면 재벌 그룹 내 계열사간 상호 지분 보유 비율은 50%에 육박하고 있다. 이에 따라 주요 그룹의 총수 일가들은 계열사 지분을 이용해 6.38%의 지분만 실질 보유하면서 의결권은 37.74%를 행사할 수 있는 것으로 추산된다. 각 계열사끼리 서로 보유하는 지분을 총수 개인의 지분처럼 활용하고 있는 결과이다.

이럴 경우 총수들의 전횡이 커질 수 있다. 다른 주주들의 이익을 위한 안정적인 경영보다는 자기 욕심을 채우기 위한 외형 확장 중심의 무리한 경영을 하는 것이다. 금호의 대우건설 인수가 대표적인 예이다.

하지만 왜곡된 지분 구조는 기업 경영이 악화되더라도 총수에게 책임을 묻기 어렵게 하고 있다. 다른 주주들이 책임을 물으려 해도 지분을 보유한 계열사들이 이를 방어해주기 때문이다.

환상형 출자의 대안, 지주회사 체제

계열사끼리 지분 보유가 심해지면 이른바 환상형 출자가 나타난다. 예를 들어 A, B, C, D의 4개 기업으로 이뤄진 그룹이 있을 때 A가 B의 지분을 보유하고 B는 C의 지분을 보유하고 C는 D의 지분을 보유하는 식이다. 그리고 다시 D가 A의 지분을 가지면 환상형 출자가 완성된다. 이를 그림으로 그리면 [그림 6-2]의 원형 그림이 나타난다. 이때 기업 총수는 이 가운데 어떤 한 회사 지분만 보유하면 모든 회사를 지배할 수 있다. C지분을 갖고 있을 경우 이를 통해 D를 지배하고 다시 A를 연쇄적으로 지배하는 식이다.

 이 같은 지배구조는 무척 취약하다. 예를 들어 적대적 인수 합병 시도를 통해 누군가 D기업의 지분을 50% 이상 사들여 사실상 인수했다고 하자. 그렇게 되면 환상형 출자 구조에 따라 연쇄적으로 모든 기업을 지배할 수 있게 된다. D를 통해 A를 지배하고 A를 통해 다시 B를 지배하는 연쇄 구조가 완성되는 것이다. 이렇게 되면 일순간 일개 기업이 아니라 그룹 전체 기업의 소유권이 바뀔 수 있다.

 이 같은 문제에 따라 정부는 세제혜택을 부여하는 등 방식으로 지배구조 개선을 독려하고 있다. 환상형 출자를 해소하기 위해서는 계열사가 서로 보유하고 있는 지분 매각이 필요한데 이 과정에서 발생하는 세금 납부를 뒤로 연기해주는 것이 대표적인 방법이다.

 환상형 출자를 해소할 수 있는 수단으로 지주회사 방식이 대표적인 모델로 꼽힌다. 특정 지주회사를 만든 뒤 이 회사가 모든 계열사의 지분을 보유하도록 하는 것이다. 이렇게 하면 총수는 개별회사들의 지분을 보유할 필요 없이 지주회사 지분만 갖고 있으면 된다. 지주회사가 모든 계열사를 소유하고 있으니 이를 통해 모든 계열사를 지배할 수 있는 것이다.

이때 지주회사를 만든다 하더라도 지주회사는 당장 모든 계열사의 지분을 보유할 돈이 없는 경우가 대부분이다. 이때는 지주회사가 많은 주식을 발행한 뒤 이를 계열사 주식과 교환하는 방식이 많이 사용된다. 지주회사가 계열사 지분을 갖고 계열사도 지주회사 지분을 갖는 것이다.

예를 들어 A→B→C→D→A식 환상형 출자일 경우 E라는 지주회사를 만들어 A가 보유한 B기업의 지분, B가 보유한 C기업의 지분, C가 보유한 D기업의 지분, D가 보유한 A기업의 지분을 E로 넘기는 대신 각 회사들은 E로부터 E의 주식을 받는 것이다. 또 각자 보유한 자사주를 E에 넘기면 E가 보유하는 계열사 지분율은 더욱 올라갈 수 있고, E가 채권 발행 등을 통해 많은 돈을 끌어모은 뒤 이를 계열사 주식 인수에 사용한 방법도 곁들일 수 있다. 이렇게 하면 E 아래로 A, B, C, D를 두고 지배할 수 있다. 또 A, B, C, D는 동시에 각각 E의 지분을 갖게 된다.

지주회사 체제는 기업 상속을 감시하는 데도 유리하다. 기존에는 A, B, C, D 각각이 재벌 2세에 어떻게 넘어가는지 감시해야 하지만 이제는 E의 상속 과정만 지켜보면 되기 때문이다. 상속을 하는 입장에서도 단일화돼 있는 것이 나을 수 있다. 재벌총수가 갖고 있는 모든 계열사의 지분을 매각한 뒤 이 돈으로 지주회사 지분을 확보하면 상속 과정에서 지분율이 줄더라도 지배권을 계속 유지해갈 수 있다. 또 경영과정에서 생기는 배당금을 지분 인수에 사용하면 추가로 지배권을 강화할 수 있다.

실현에 옮기기 어려운 지주회사 체제

설명대로라면 이 같은 시스템은 무척 간단해 보인다. 하지만 현실에 옮기기는 무척 어렵다. 지주회사법상 지주회사 체제가 되려면 지주회사가 각 상장 계열사 지분을 20% 이상 보유해야 한다.

그런데 앞선 예에서 D가 A지분을 8%만 보유하고 있다고 하자. A기업의 지분이 워낙 많은 사람에게 쪼개져 있어 D는 8% 지분율로만 1대 주주 지위를 유지하는 상황이다. 여기에 나머지 주주들 상당수가 D와 A가 포함된 그룹의 경영방침을 지지하고 있어 D의 A에 대한 지배권은 공고한 편이다.

이 같은 상황에서 지배구조 개선을 이유로 그룹을 지주회사 체제로 전환시키기 위해서는 새로 생기는 지주회사가 D가 보유한 8% A지분을 넘겨받더라도 12% 지분을 추가로 확보해야 한다. 그래야 지주회사 전환법상 요건인 20% 이상 지분 확보를 맞출 수 있다.

여기에는 엄청난 비용이 소요된다. 7%대 지분율로 삼성전자의 최대 주주 역할을 하고 있는 삼성생명이 대표적인 예이다. 삼성지주회사가 시가 총액이 엄청난 삼성전자 주식의 13%를 사들인다고 생각해보라. 이는 수십 조 원이 들어가는 방대한 작업이 된다. 이는 그룹 총수가 아무리 많이 보유 지분을 팔거나 회사채를 대량 발행하더라도 확보하기 어려운 수준이다.

이에 지주회사 전환은 쉽지 않다. 여기에 그룹 총수가 갖고 있는 계열사 주식을 다 팔아도 지주회사 지분을 충분히 확보할 수 있는 돈을 구할 수 없으면 지주회사 전환은 원천적으로 어려워질 수 있다. 결국 지주회사 체제 전환은 현실에 적용하는 데 많은 난관이 있어 실천에 옮기는 기업은 많지 않다. 이에 대해 정부는 각종 지원책을 실시하고 있지만 한계가 많다.

식당 주인이 음식 안 팔면 불공정 행위?
– 기업 불공정 행위 규제

한국 경제는 시장 경제를 표방하고 있다. 최대한 민간의 자율을 인정해준다는 의미이다. 하지만 시장 경제는 여러모로 허점도 많다. 특히 기업들이 불공정 거래를 할 경우 각종 폐해가 발생한다. 이에 정부의 개입이 필요하다. 정부는 각종 불공정 행위를 시정하고 기업들이 유혹에 빠지지 않도록 사전에 제어하는 역할도 한다. 그 역할을 주로 수행하는 곳이 공정거래위원회이다.

기업 규제는 지난 10여 년간 신자유주의 바람이 불면서 많이 완화돼 왔다. 하지만 금융위기를 계기로 규제 완화의 부작용이 널리 지적되면서 최소한의 규제는 필요하다는 인식이 힘을 얻었다. 그리고 이에 따라 기업 규제가 서서히 강화되고 있다. 기업들의 주요 불공정 행위를 사례별로 분석하고 공정위가 이에 대해 어떤 처분을 내리는지 알아본다.

시장 경제의 적, 독점 규제

기업 정책 가운데 가장 중요한 것 중 하나가 독점 규제이다. 독점은 필요 이상으로 가격을 올려 받는 등 지위를 남용할 수 있어 정부가 강력하게 규제하고 있다.

구체적으로 정부는 독점 규제를 위해 '시장지배적 사업자' 제도란 것을 운영하고 있다. 독점적 지위를 이용해 시장에 지배력을 행사할 수 있는 기업들을 시장지배적 사업자로 규정해 각종 감시 활동을 펴는 것을 의미한다.

가장 최근에 시장지배적 사업자로 지정된 기업이 검색 포털 '네이버'를 운영하는 NHN이다. NHN은 2006년 현재 포털시장 매출액의 48.5%를 차지하고 검색서비스 시장의 69.1%를 점유하고 있다. 이에 따라 공정거래위원회(공정위)는 NHN을 시장지배적 사업자로 지정하면서 주요 감시 대상에 등록했다.

이 같은 대상에 한번 지정되면 다른 업체와 불공정거

래를 할 경우 가중 처벌을 받게 된다. 지정 이후 NHN은 이 같은 지위를 남용한 혐의(시장지배적 지위 남용)로 2가지 사건에 대해 조사를 받았다.

우선 네이버 검색을 거쳐 이용자들이 보게 되는 동영상 콘텐츠에 제공업체들이 상영 전 광고를 싣지 못하게 한 행위에 대해 공정위는 시정명령을 내렸다. '엠군'이나 '판도라TV' 같은 동영상 업체들이 자신들의 콘텐츠에 광고를 싣는 것은 자유이다. 그런데 NHN은 자신의 사이트 검색창을 통해 엠군 등에 접속한 후 해당 동영상을 보는 것을 막기 위해 광고를 싣지 못하도록 했다. 이는 네이버 이용자들의 편의를 위한 것으로 볼 수 있으나 해당 업체의 영업을 제한한 행위에 해당한다.

이 밖에 NHN은 네이버 동영상 광고를 대행하는 하도급업체에 판매목표를 설정하고 이를 달성하도록 강제한 행위에 대해 조사를 하기도 했다. 자기 조직이 아니면서도 하도급 업체라는 이유로 지배력을 행사한 것이다.

일반 기업이 이 같은 행위를 할 경우에도 처벌 대상이 되지만 공정위는 시장지배적 사업자의 불공정행위는 더 큰 파급력이 있다고 보고 가중처벌을 내렸다.

공정위는 이 밖에 독점 기업을 제어하기 위해 다양한

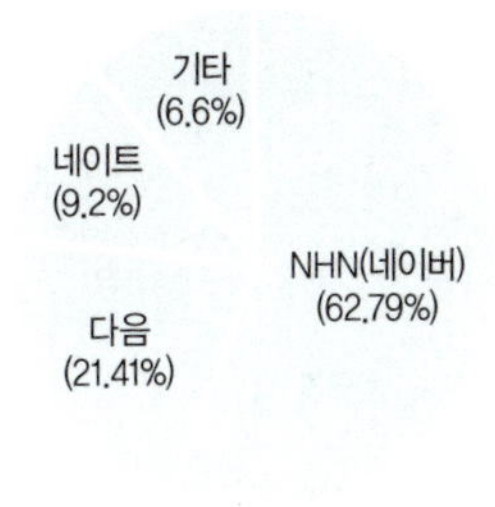

기타
(6.6%)

네이트
(9.2%)

NHN(네이버)
(62.79%)

다음
(21.41%)

[그림 6-3] 포털업계 검색 시장 점유율
＊자료: 2010년 5월 기준, 코리안클릭

규제를 한다. 가격 규제 시도가 대표적인 경우이다. 공정위는 시장지배적 사업자가 지나치게 높은 가격을 받을 경우 이를 규제하겠다는 공정거래법 시행령 제5조 제1항 개정안을 입법예고한 일이 있었다. 하지만 규제개혁위원회가 이 개정안을 제출받고 철회를 권고하면서 무산되기도 했다.

논란이 된 공정거래법 시행령 개정안은 시장지배적 사업자가 "기술·경영혁신 등 이외 방법으로 부당하게 높은 가격을 받을 경우" 이를 공정위가 규제할 수 있도록 하고 있다. 공정위는 '부당'을 판정하는 근거로 가격이 필요비용보다 현저하게 높거나 유사업종 통상수준에 비해 높을 경우를 제시했다.

예를 들어 유선통신 사업자가 오랫동안 국제전화 요금을 높게 받을 경우 이 요금이 투입 비용보다 현저하게 높거나, 요금 체계가 무선통신 사업자에 비해서 지나치게 높을 경우 공정위가 규제할 수 있다는 것이다.

이러한 논리는 경제학에서 독점 기업을 규제하는 수단의 하나에서 근거했다. 이에 따르면 독점 기업들은 통상 수요 공급이 정확히 일치하는 가격을 받지 않는다. 대신 이윤을 최대화하는 수준으로 공급을 줄임과 동시에 가격을 높인다. 이렇게 되면 독점 기업의 이윤은 극대화되지만 소비자들은 시장이 경쟁화돼 있을 때보다 더 높은 가격에 물건을 사야 한다.

이때 공정위가 강제로 가격을 낮은 수준으로 유지하면 기업은 어쩔 수 없이 수지타산을 맞출 수 있는 수준으로 공급을 늘릴 수밖에 없다. 가격이 내려가면 이윤이 줄어드니 물건을 더 만들어 팔아야 하기 때문이다. 이렇게 되면 결국 소비자의 이익이 극대화된다는 것이 공정위가 갖고 있는 생각이다.

하지만 이러한 생각이 논리적으로 성립되려면 공정위가 현재 가격이 적합한 수준인지 정확히 판단할 수 있어야 한다. 이 전제가 성립되지 않으면 오히려 시장 가격을 왜곡할 위험이 있다. 이에 따라 전국경제인연합회 등 재계의 반발이 극심했고 정부 내부에서조차 반대의 목소리가 있었다. 당시 재정경제부(현 기획재정부)는 공식적으로 "규제안이 불합리하다"는 의견을 전달한 바 있다.

이에 대해 공정위 관계자는 "기존에도 정당한 이유 없이 수급 변동과 비교해 현저하게 높은 가격을 받을 때는 규제할 수 있었다"며 "기존안을 조금 강화했을 뿐인데 통과가 좌절돼 곤혹스럽다"고 설명한 바 있다.

현대차가 계열사에 돈을 대 주면 불공정한 이유

기업들은 시장지배적 지위 남용 외에도 영업을 하면서 여러 가지 불공정 거래를 한다. 이익 확대, 상속 등을 위해 각종 부당한 일을 하는 것이다. 이는 장기적으로 시장경제 유지에 큰 위협이 될 수 있다. 이에 정부는 불공정 거래를 적극 규제하고 있다.

부당 내부거래가 대표적인 경우이다. 대표적인 사례가 2007년 적발된 현대자동차 그룹의 경우이다. 당시 현대자동차그룹 계열사들이 2001년부터 총 2조 9,706억 원에 달하는 부당 내부거래를 했고, 이를 통해 글로비스 등 계열사들이 2,585억 원의 부당이익을 챙긴 것으로 나타났다.

공정위에 따르면 현대자동차그룹 계열사들은 상호 물량 몰아주기를 했으며, 일부 품목에 대해서는 시장가보다 높은 가격으로 거래했던 것으로 나타났다.

우선 현대자동차는 2003년 부품 재료비 인상 명목으로 현대모비스로부터 공급받는 부품값을 8.5% 인상해줬다. 특히 2003년 7월 1일자로 부품값을 인상하면서 2003년 1월부터 거래한 부품값도 인상한 것으로 계산해 소급적용했다.

당시 공정위는 "실제 부품 재료비가 인상되지 않았지만 자금난을 겪던 현대모비스를 지원하기 위해 부품값을 인상해 지급했다"며 "현대모비스는 2003년 한 해 동안 1,067억 원의 부당이득을 봤고 현대차는 그만큼의 손실을 입었다"고 설명했다.

이 밖에 2001년 현대차는 기아차가 현대모비스에 지급해야 할 196억 원의 부품단가 인상금액을 대신 지급했고, 현대차와 기아차는 2004년부터 2006년까지 현대하이스코로부터 1조 4,472억 원어치의 강판을 시장가격보다 높은 값으로 구매해 현대하이스코에 735억 원의 부당이득을 안겼다. 또 기아차는 입찰 형식을 취하고도 경쟁사보다 높은 값을 제시한 계열사 로템에게 481억 원어치 설비 제작을 맡겨 13억 원의 부당이득을 안겼다.

당시 발표에서 가장 큰 논란이 된 부분은 글로비스에 대한 부당지원이었다.

공정위는 현대차, 기아차, 현대모비스, 현대제철 등 4개 사가 신생계열사인 글로비스에 자동차·부품 배송 등 물류 업무를 몰아줬다며 이는 부당 내부거래에 해당한다고 밝혔다.

공정위는 그 논리로 거래 규모, 이득 발생 여부, 경쟁 제한성 등을 제시했다. 우선 거래 규모와 관련해 이들 4개 사는 2001년 글로비스가 설립되자마자 거의 모든 물류업무를 글로비스에 몰아줬다. 이에 따라 2006년 기준 글로비스 1조 8,000억 원 매출 중 계열사 거래가 차지하는 비중이 84.9%에 달했다. 글로비스는 이를 토대로 설립 5년 만에 관련 시장점유율 32.5%의 거대 업체로 도약했다.

이 밖에 현대차그룹 계열사들은 시장 물류비용이 하락하는 동안 몇 차례에 걸쳐 물류비용을 올려줌으로써 글로비스에 막대한 이익을 안겨줬다고 공정위는 설명했다.

공정위가 이 같은 규제를 하는 것은 공정한 경쟁이 아니라는 해석 때문이다. 예를 들어 현대차는 현대모비스뿐 아니라 수많은 부품업체와 거래를 한다. 그런데 유독 현대모비스에 대해서만 부품 가격을 올려주면 다른 기업들은 상대적으로 손해를 보는 셈이 된다. 부품 예산은 정해져 있는데 현대모비스에 돌아가는 몫이 커진다면 다른 거래기업의 몫은 작아지기 때문이다. 또 글로비스에 물량을 몰아주면 다른 물류업체는 경쟁 기회를 잃게 된다. 이에 따라 공정위는 계열사에 특혜를 주는 행위를 금지하고 있다.

당시 글로비스에 대한 시정은 현대차 후계 구도에 대한 견제 차원도 있었다. 당시 글로비스의 주인은 현대차 그룹의 2세였다. 이에 글로비스에 몰아주기를 해 많은 이익이 생기면 이는 곧 2세의 손에 들어간다. 2세가 이 같은 이익을 바탕으로 현대차와 기아차의 지분을 매입하면 자연스레 두 회사의 지분을 장악할 수 있다. 결과적으로 상속세 등 비용을 들이지 않고 상속받을 수 있는 것이다. 이 같은 상황에서 공정위가 글로비스에 대한 몰아주기를 규제하자 편법 상속은 더 이상 어려워졌다.

불공정 거래는 결과적으로 다른 현대자동차 주주에게

큰 손해이다. 이 같은 일이 없었다면 현대차 이익이 훨씬 늘면서 많은 배당을 받거나 주가가 올라 시세 차익을 누렸을 텐데 이익이 엉뚱한 방향으로 흘러갔기 때문이다. 이에 공정위는 기업의 부당 내부거래를 철저히 규제하고 있다.

이처럼 다른 주주에게 손해를 끼치면서 대주주 개인의 사익을 위해 다른 회사로 이익을 빼내가는 행위를 '터널링(Tunneling)'이라 한다. 터널링은 2개 회사를 보유한 대주주가 경영진을 조종해 자신의 지분이 적은 회사에서 지분이 많은 회사로 이익을 이전시켜 보다 많은 이익을 배당받으려는 목적에서도 이뤄진다. 공정위는 이 같은 행위를 철저히 규제하고 있다.

제품 안 팔아도 불공정?

이 밖에 경쟁업체 제품을 판매한 대리점에 자사 제품 공급을 중단하는 경우도 불공정 거래에 해당한다.

공정거래위원회는 미국계 의료기기 판매업체 A사가 의료기기 수입판매 대리점인 B사에 고주파 간암치료기 공급을 중단하자 이를 불공정 행위라고 판정한 바 있다.

국내 고주파 간암치료기 시장의 70% 이상을 차지하고 있는 A는 2003년 11월부터 B에 제품을 공급해오다 2005년 8월부터 공급을 중단했다. B가 자사와 경쟁관계에 있는 독일 C사의 고주파 간암치료기를 판매했다는 것이 이유였다.

공급 중단에는 다른 의도도 있었다. B가 다른 제품인 자궁근종치료기를 개발해 시장에 진출하자 이를 제어하기 위한 목적도 있었다. 당시 A는 B가 자궁근종치료기 시장에서 어느 정도 성공을 거두자 고주파 간암치료기를 자궁근종치료 용도로 판매하고자 했다. 이를 위해서는 B에 대한 견제가 필요했고 이를 위해 간암치료기 공급을 중단했다.

당시 공정위는 "A의 행위는 불공정한 거래거절 행위에 해당한다"고 판정했다. 이에 대해 어떤 업체가 특정 대리점에 제품을 공급할지 안 할지는 해당 업체의 자유가 아니냐고 생각할 수 있다. 하지만 가격 등 거래 조건이 맞지 않아서가 아니라 불순한 의도로 제품을 공급하지 않는 것은 불공정 행위라는 것이 정부의 판단이다. 이 같은 행위에 따라 제품을 공급받지 못한 대리점은 영업을 할 수 없어 심지어 도산할 수도 있기 때문이다.

돈을 지불하겠다는데도 특별한 이유 없이 음식을 팔지 않겠다는 식당 주인에 사람이 부당함을 느끼는 것과 같다고 생각하면 된다. 사적인 관계에서 이 같은 일은 기분이 상하는 정도로 끝나지만 기업간 거래에서 이 같은 일은 당하는 기업의 명운에까지 영향을 미치게 돼 정부는 적극 규제하고 있다.

Seven Days Master Series

step 7

경제의 신조류

도대체 게임이론이 뭐야?
– 게임이론으로 경제 읽기

 최근 들어 경제학에서 가장 각광받은 이론 중 하나가 게임이론(Theory of games)이다. 2007년 레오니드 후르비츠 등 3명이 이 이론으로 노벨경제학상을 받았고, 같은 해 한국판 노벨경제학상인 38회 매경이코노미스트상 수상자도 게임이론 연관 분야에서 배출됐다.
 게임이론이 어떤 매력을 갖고 있기에 이처럼 각광받고 있을까? 게임이론의 기본 시스템을 이해해두면 경제 사회 현상을 분석하는 데 상당한 도움을 받을 수 있다.

서울대 도서관 체육 코너에 꽂혀 있던 게임이론 서적

불과 십수 년 전만 해도 '게임이론'은 무척 낯설었다. 1980년대에는 서울대 어느 교수가 게임이론 관련 서적을 구하기 위해 중앙도서관 곳곳을 찾아 헤매다 경제학 코너가 아닌 '체육학' 코너에서 어렵사리 책을 구한 적이 있었다고 한다. 책을 분류하는 사서가 '게임'이란 단어만 보고 체육학 서적으로 착각했던 것이다.

하지만 지금은 많이 달라졌다. 경제학을 모르는 일반인들도 그 용어만큼은 많이 친숙해졌다. 게임이론의 대가 중 한 사람인 존 내쉬의 일대기를 담은 책 《뷰티풀 마인드》가 영화로까지 각색되면서 크게 히트했고, 관련 개념들이 언론에서 자주 인용되고 있기 때문이다.

게임이론은 경제학 내부에서도 그 입지가 매우 탄탄해졌다. 존 내쉬가 1994년 노벨경제학상을 받았고, 2007년에도 3명의 공동 수상자를 배출했다.

게임이론은 여러 경제주체들이 특정 상황을 놓고 서로를 이기기 위해 경쟁하는 상황이 어떻게 결론 내려질지 설명하기 위한 이론이다. 그리고 상대를 이기기 위해 어떤 전략을 구사하는 것이 좋은지도 알려준다. '게임'이란 이름이 붙은 것은 서로 경쟁하는 상황이 승부를 내야 하는 게임을 연상시키기 때문이다.

예를 들어 특정 기업이 독점하고 있는 시장에 어떤 기업이 새로 진입할지 말지 결정해야 하는 상황이 있다고 가정해보자. 이 게임에는 시장 독점자와 신규 진입자란 참가자가 있다. 시장 독점자는 신규 진입자를 상대로 승리해야 독점적 지위를 유지할 수 있고, 반대로 신규 진입자는 독점자를 이겨야 새로운 수익기반을 만들 수 있다. 참가자들은 각자 자신만의 목표를 위해 각종 전략을 구사한다. 그리고 서로 갖고 있는 경제적 기반에 따라 승리자가 결정된다.

게임이론은 이 같은 과정을 분석해 누가 승리할지를 예측하는 동시에, 최적의 결론을 이끌어내기 위해 어떤 전략을 구사해야 할지에 대해 조언해주는 이론이다. 경제

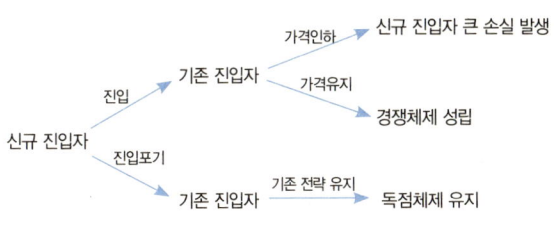

[그림 7-1] **대형마트의 전략별 결과**

활동과 관련한 모든 경쟁 상황은 게임이론 분석틀을 통해 알아볼 수 있다.

내쉬 균형으로 꽃피운 게임이론

게임이론이 처음 모습을 드러낸 것은 1944년 존 폰 노이만이 오스타 몰겐스턴과 함께 《게임과 경제행동 이론(Theory of Games and Economic Behavior)》이라는 책을 출판하면서부터이다.

이후 1950년대 존 내쉬가 미국 프린스턴 대학에서 박사학위 논문을 통해 '내쉬균형(Nash equilibrium)'이란 개념을 내놓으면서 이론의 정합성을 갖추게 된다. 내쉬균형은 상대방이 어떤 결정을 내릴지 가정한 후 이에 맞는 최적 전략을 구사할 때 균형에 이를 수 있음을 보여주고 있다.

예를 들어 한 대형 마트가 특정 지역에 새로 입점할지를 고민하고 있다고 가정하자. 분석 결과 시장에 새로 진입할 때 기존에 진출해 있는 마트가 갑자기 제품 가격을 크게 떨어뜨려 자신을 시장에서 몰아낼 것으로 예상됐다. 이 같은 경우에는 새로 진입하지 않는 것이 가장 유리하다. 막대한 투자비만 날릴 수 있기 때문이다. 이에 해당 기업은 상대방이 '가격인하'라는 결정을 내릴 것이란 전제로 '진입 포기'라는 최적 전략을 선택하게 되고 이 게임은 독점 유지라는 균형에 이르게 된다.

반면 분석 결과 기존에 진출해 있는 마트가 제품 가격을 떨어트릴 여유가 없다고 가정하자. 현재 가격 수준으로 겨우 수지타산을 맞추고 있는 정도이기 때문이다. 이 같은 상황이라면 시장에 새로 진입할 것을 고려할 수 있다. 상대방이 '현재 가격 유지'라는 결정을 내릴 것이란 전제로 '진입 관철'이란 최적 전략을 선택하는 것이다.

이 경우 게임은 경쟁 구도라는 균형 상태를 맞게 된다. 물론 출점 결정에 대해 상대방이 일시적으로만 가격을 내릴 가능성도 있다. 능력이 있다는 것을 보여주기 위해서이다. 하지만 이는 신빙성 없는 시위에 그칠 공산이 크고 출점이란 결정을 유지할 수 있다.

이처럼 내쉬균형은 상대방이 어떤 결정을 내릴지 가정한 후 최적 전략을 내릴 수 있게 한다는 점에서 그 유용성이 널리 인정되고 있다.

게임이론의 전성시대

게임이론은 사실 수학에서 출발했다. 게임이 전개되는 상황을 수식을 통해 나타내는 것이 게임이론의 시작이었다. 존 내쉬도 수학자이다. 그러다 1980년대를 전후로 경제현상을 설명하는 데 게임이론이 동원되면서 본격적으로 경제학 내에서 연구되기 시작했다.

이후 게임이론은 경제학으로 확실하게 편입된 뒤 '경제학의 제국주의' 학문기류 속에서 경영학, 정치학, 법학 등 사회과학 전반으로 퍼져 나갔다. 이제는 게임이론을 도구로 사용하지 않는 학문을 찾는 것이 더 빠를 정도에 이르렀다.

게임이론은 심지어 생물학에서도 사용되고 있다. 미국의 한 생물학자는 개미의 행동을 연구하면서 분업 이유를 게임이론으로 설명했고, 진화를 통해 어떤 종이 살아남는지도 게임이론을 통해 분석했다.

게임이론이 이처럼 각광을 받고 있는 것은 어떤 전략이 필요한 상황은 모두 게임이론을 통해 설명할 수 있기 때문이다.

예를 들어 삼성전자가 시장에서 얼마나 많은 물건을 팔 수 있는지 알기 위해서는 LG전자가 어떤 전략을 구사할지를 알고 전략을 짜지 않으면 불가능하다. 선거에서도 상대방의 전략을 알지 못하고는 승리하기 어렵고, 법정판결도 원고(검사), 피고(변호사), 배심원, 판사들이 서로 상대를 모르고서는 이기기 어렵다.

게임이론은 현재 개별 학문으로 탄탄한 입지를 구축하고 있다. 경제학에서는 이미 독립 교과과정으로 인정받은 지 오래고, 경영전문대학원(MBA)이나 로스쿨에서도 내용을 다루고 있다.

한 전공 교수는 "가정이건 사회 혹은 직장이건 누군가와 부딪히지 않고는 살아갈 수 없다"면서 "게임이론은 이 과정에서 어떤 결정을 내려야 할지 해답을 제시해준다"라고 말했다.

앞으로 게임이론은 보다 많은 응용을 통해 더욱 번성할 것으로 보인다. 사회 행동 양식을 분석하고 어떤 전망을 내리는 데 그 쓰임새가 더 커질 것이기 때문이다.

다른 전문가는 "전략 정치학, 전략 경영학 등 이름으로 많은 연구가 이뤄질 것"이라며 "재무관리 등 첨단 학문에서도 연구가 활발히 이뤄질 것"이라고 말했다.

게임이론으로 풀어보는 뇌물 조사

게임이론에 대한 이해를 넓힐 수 있도록 응용 사례를 하나 소개한다. 정치인과 기업인간 뇌물 커넥션이 그 사례이다. 대표적인 게임이론 중 하나인 '죄수의 딜레마(Prisoner's dilemma)'를 적용하면 검찰은 손쉽게 혐의를 밝혀낼 수 있다.

죄수의 딜레마는 간단하다. 두 용의자가 각자 범행을 부인하면 증거가 없어 모두 풀려날 수 있는데, 상대방이 죄를 인정하고 자신만 부인하면 혼자 더 강한 처벌을 받을까 두려워 결국 2명 모두 죄를 자백하고 만다는 것이 그 내용이다.

이 같은 '비극적' 결과가 도출되는 것은 양자가 협조할 수 없는 환경에서 비롯된다. 양자를 같은 곳에서 취조한다면 눈짓 등으로 부인하자는 모의를 할 수 있다. 하지만 서로 격리돼 있으면 이 같은 협조는 불가능해지고 결국에는 딜레마에 빠지게 된다.

비협조적인 환경을 만드는 것은 검찰 능력에서 비롯된다. 단지 둘을 격리시키는 데서 끝나지 않는다. 장소만 격리돼 있을 뿐 동료(?)가 어떤 처지에 있는지 각 용의자가 알 수 있다면 비협조적인 환경 조성은 실패에 그친다.

이 같은 환경을 조성하기 위해 구사할 수 있는 대표적인 방법이 '혼합전략'이다. 검찰은 용의자에게 자신이 사건에 대해 얼마나 잘 알고 있는지, 얼마나 무거운 내용으로 기소할지 등에 대한 정보를 노출하지 않는 것이 좋다. 이 같은 정보를 용의자가 알게 되면 그에 맞는 진술 전략을 짤 수 있기 때문이다. 이렇게 되면 용의자는 게임에서 협상의 우위에 서게 된다.

이를 막기 위해서는 어떨 때는 강경하게 나가다 또 어떨 때는 유화적으로 나가는 등 비일관적인 혼합전략을 구사해야 한다. 그래야 용의자가 검찰 성향을 알기 어렵게 되고 결국 협상에서 끌려다닐 수 있다.

이렇게 하면 각 용의자들은 동료의 처지를 알기 더욱 어렵게 되고 검찰은 자백을 받아내는데 성공할 수 있다. 이처럼 게임이론은 경제 상황 외에 각종 협상 상황을 분석하는 데 활용할 수 있다.

각종 협상 과정 이해에 도움

중계권료 협상도 게임이론을 통해 들여다볼 수 있다. 2009년 초 월드베이스볼클래식(WBC) 중계를 놓고, 중계권을 취득한 IB스포츠와 지상파 방송사들간 중계권료 협상이 난항을 겪다 어렵사리 타결된 일이 있었다.

해당 협상은 IB스포츠가 방송사들에 중계권료로 요구한 300(만 달러)을 둘러싼 제로섬 게임으로 볼 수 있다. 이 게임에서 IB스포츠의 협상 시작점은 300, 방송사 협상 시작점은 0이다. 만일 방송사가 IB에 협상 결과 200을 주게 됐다면 방송사는 0에서 시작해 200을 잃게 됐으니 200의 손실(-200)을, IB는 최초 제시한 300에서 100을 덜 받게 됐으니 100의 손실(-100)을 입게 된다. 즉 게임 참여자들의 손실의 합은 -300이고 이것의 절대값은 중계권료 300과 일치한다.

이 같은 게임은 어느 일방의 손실이 조금이라도 줄면 이는 곧 상대방의 손실 증가를 의미하므로 쉽게 타결되기 어렵다. 그래서 협상은 이전투구로 전개되다 자주 결렬되곤 한다. 하지만 참가자들이 보수적인 전략을 구사하면 협상은 타결될 수 있다. 여러 시나리오 중 최악의 결과들을 비교하고 이 가운데 그나마 나은 결과가 나올 수 있는 전략을 구사하는 것이다.

협상이 결렬되면 방송사들과 IB 모두 엄청난 시청자들의 비난과 수익 기회 상실이라는 큰 낭패를 봐야 한다.

그래도 이보다는 조금 더 주고 덜 받는 편이 낫다. 이에 방송사와 IB는 조금씩 물러설 수 있었고 결국 협상은 타결됐다. 이처럼 무조건 상대를 이기려 드는 것이 아니라 각자 서로의 피해를 최소화하기 위해 한 발 물러서는 전략을 게임이론에서는 '최소 극대화' 전략이라 한다. 협상 결렬과 손실 증가라는 최소(안 좋은) 결과 가운데 그나마 가장 나은 상황을 선택한다는 의미이다.

10년 후면 내 재산의 일부는 탄소배출권?
– 녹색경제와 탄소배출권

　최근 한국 경제 성장에서 가장 중요한 이슈 중 하나가 녹색 경제이다. 가급적 환경오염을 줄이는 방향으로 경제 성장을 이루자는 설명이다. 이를 지속 가능한 성장이라 한다. 지속 가능한 성장은 환경 보호, 적절한 분배를 통한 사회적 배려 확대 등 여러 개념을 포함하지만 주로 환경 측면에서 논의될 때가 많다. 이 가운데 특히 지구 온난화를 유발하는 이산화탄소 감축 논의가 활발하다. 이는 앞으로 한국 경제는 물론 세계 경제에 큰 영향을 미칠 전망이다.

탄소 배출 줄이면 얻을 수 있는 배출권

UN 등 국제기구는 앞으로 각국에 이산화탄소 감축 의무를 부여할 예정이다. 이후 각국 정부는 자국의 기업에게 이산화탄소 감축 의무를 다시 부여하게 된다. 200톤을 배출하는 기업이라면 100톤으로 감축하라는 식이다. 이 같은 상황에서 기업에게는 2가지 방법이 있다. 첫째는 정화시설을 갖춰 이산화탄소 배출량을 100톤으로 줄이는 것이다.

둘째로 100톤어치 '탄소배출권'을 시장에서 구입하면 된다. 탄소배출권이란 한마디로 탄소를 배출할 수 있는 권리이다. 탄소배출권은 UN 등 국제기구가 인증하는 탄소 배출 권리를 말한다. 이를 확보하기 위해서는 2가지 방법이 있다.

우선 숲 등 이산화탄소를 흡수해 산소로 바꿔주는 시설을 설치하면 그에 해당하는 만큼의 권리를 확보할 수 있다. 예를 들어 100톤의 이산화탄소를 처리할 수 있는 숲을 조성하면 UN으로부터 100톤의 이산화탄소 배출권을 받을 수 있다.

다음으로 감축 의무 이상으로 이산화탄소를 감축하면 된다. 예를 들어 200톤에서 100톤으로 이산화탄소 배출량을 줄여야 하는 기업이 완전한 정화시설을 설치해 이산화탄소 배출량을 0으로 만들면 추가로 줄인 100톤에 대한 배출권을 확보할 수 있다.

이 같은 방법으로 배출권을 확보한 기업은 이를 필요로 하는 기업에게 팔 수 있다. 그리고 이를 구매한 기업은 이산화탄소 배출에 이 권리를 사용하게 된다. 200톤을 100톤으로 줄여야 하는 기업이 추가로 100톤의 배출권을 구입해 계속 200톤을 배출하는 식이다.

이 같은 메커니즘은 다양한 경제활동을 유발한다. 우선 국가 차원의 활동이다. 한국은 2007년 현재 기업주도로 UN에 13건의 관련 프로젝트를 등록시켰다. 공기정화 시설 설치를 통한 배출권 확보 사업이다. 이에 따라 한국은 연간 1,391만 8,000톤의 온실가스 배출권리를 확보할 예정에 있다.

금융상품 시장에도 새바람을 일으키고 있다. '탄소펀드'가 대표적인 예이다. 메커니즘은 간단하다. 펀드를 조성해 투자들로부터 돈을 끌어 모은 뒤 숲이나 정화시설을 조성해 배출권을 확보한다. 그리고 이를 팔아 수익이 생기면 투자자들과 나눠 갖는 것이다. 이때 펀드 조성은 전문 운용사가 맡고 시설 설치는 전문 기업이 하게 된다.

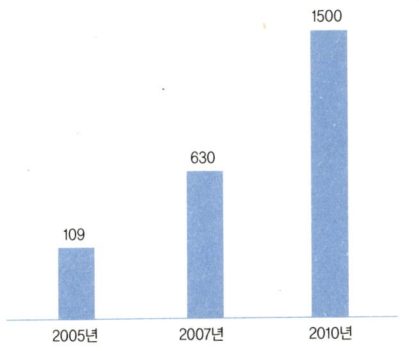

[그림 7-2] **세계 탄소배출권 시장 규모**
*거래소 거래액 기준
*자료: 세계은행(2010. 7. 31 《조선일보》 재인용)

 탄소배출권 제도가 성공하기 위해서는 적절한 가격 형성이 무엇보다 중요하다. 탄소배출권 가격이 너무 낮으면 이를 구매하려는 기업은 증가하는 반면, 수익성이 없어 이를 공급하려는 기업은 줄게 된다. 결국 누구도 탄소를 저감할 수 있는 설비를 설치하려 들지 않게 된다. 이에 UN은 탄소배출권 가격이 적절한 수준을 유지할 수 있도록 배출권 인가 규모를 일정 수준에서 제어할 계획이다. 이렇게 하면 관련 시설 설치가 늘면서 이산화탄소를 감축시킬 수 있다.
 '기후 변화에 관한 정부간 패널(IPCC)'은 이와 관련 배출권이 톤당 100달러에는 거래돼야 한다는 의견을 내놓은 바 있다. 이렇게 되면 2030년까지 연간 16~31기가톤(1기가톤은 10억 톤)이 줄 것으로 예상된다. 이는 막대한 양이다. 감축 노력을 기울이지 않았을 경우 2030년 예상 배출량인 68기가톤의 23~46% 수준에 달한다. 즉 배출권 거래가 원활할 경우 2030년이면 온실가스 배출을 최대 절반 수준으로 줄일 수 있다.

좋은 거래 시스템이 성패 좌우

적절한 거래 시스템의 마련도 중요하다. 탄소배출권 거래에는 2가지 방법이 있다. 우선 탄소배출권을 증권화하는 방안이다. 이를 위해서는 탄소배출권을 일반인이 자유롭게 거래할 수 있도록 잘게 쪼개 증권시장에 상장을 시켜야 한다. 수천 톤의 대규모 권리를 한 번에 거래하는 것이 아니라, 이를 수천 개로 나눠 1~2톤씩의 작은 권리를 만드는 것이다. 이후 시장에서 100개를 사면 100톤을 배출할 수 있는 권리를 확보하는 식이다. 이렇게 권리를 확보하고 있다가 가격이 오르면 이를 필요로 하는 기업이나 추가 투자를 원하는 사람에게 팔아 시세 차익을 누릴 수 있다.

이렇게 하면 일반 투자가들의 참여가 활성화돼 거래가 활발해지고 자본시장과 연계해 다양한 파생상품을 만들 수 있다. 이러한 파생상품 거래가 활발해져야 배출권 확보 경쟁이 생기고 이 과정에서 가격이 올라 정화시설 설치자에게도 수익이 생긴다. 그러면 배출권 공급을 늘리기 위한 정화시설 설치가 크게 증가할 수 있고 거래의 본 목적인 탄소 저감에도 도움이 된다.

물론 배출권의 일반 투자자 보유가 늘면 정작 이산화탄소 배출을 위해 반드시 배출권을 확보해야 하는 기업들이 어려움을 겪을 수 있다. 확보하더라도 가격이 오르는 과정에서 높은 비용 부담을 감수해야 한다.

하지만 이 제도의 취지가 보다 많은 사람이 정화시설을 설치해 이산화탄소를 줄이는 데 목적이 있다는 점을 감안하면, 일반 투자자의 참여로 배출권 가격이 올라가는 것은 바람직할 수 있다. 그래야 수익을 노리고 정화시설을 설치하는 사람이 늘 수 있기 때문이다. 이렇게 하면 새로운 자산 투자시장이 열리는 효과도 덤으로 얻을 수 있다.

탄소배출권을 증권화할 경우 국내에서는 증권선물거래

소에서 거래가 이뤄질 전망이다. 별도 거래소 설립이 필요 없어 효율적인 데다 증권선물거래소의 결제 기능을 활용할 수 있는 이점이 있다.

금융권 한 관계자는 "증권선물거래소에 거래체계를 갖추면 발빠른 대응이 가능하다"며 "일본보다 먼저 거래시스템을 갖추면 중국과 일본 기업들이 한국에서 배출권을 거래할 수 있는 환경을 조성할 수 있다"고 설명했다.

증권화 방안과 함께 배출권을 '상품(Commodity)' 형태로 거래하는 방안도 있다. 배출권을 증권화하지 않고 옥수수나 돈육처럼 현물 그 자체로 거래하는 것이다. 이 경우 증권선물거래소를 통하지 않고 별도 거래소를 설립하거나 전력거래소를 통한 거래가 이뤄질 전망이다. 배출권 실수요자인 기업의 편의를 고려하면 현물거래가 낫다.

선진 경제에선 이미 거래 활발

선진국에서는 이미 탄소배출권 거래가 시작됐다. 한국에서는 아직 관련 법령이 완비되지 않았지만 여러 나라에서 관련 제도가 마무리돼 거래가 이뤄지고 있다. 즉 생산 과정에서 규제 한도 이상의 탄소를 배출하기 위해서는 배출권이 있어야 하고, 정화시설을 설치해 배출권을 공급하는 기업들이 등장하면서 거래가 형성되고 있다.

현재 세계 이산화탄소 배출권의 80%는 런던의 '기후변화거래소'에서 거래되고 있다. 2010년 거래량이 1,000억 유로에 달할 예정이다. 전체 세계시장 규모는 1,500억 달러에 이른다.

이 밖에 미국 시카고의 기후거래소(CCX)도 주요한 거래 기관이다. 2008년 상반기 기준 시카고 기후거래소에서 거래된 탄소배출권 거래량은 10억 7,000만 톤으로 1년 전(4억 2,600만 톤) 보다 2배 이상으로 증가하는 등 매년 거래량이 급증세에 있다. 탄소배출권 계좌를 개설한 기업도 크게 증가하고 있다. 당장 배출권이 필요한 기업뿐 아니라, 앞으로 가격이 올라갈 것을 예상해 미리 구입해두는 기업들도 많다.

이와 관련한 금융상품 출시도 붐을 이루고 있다. 탄소배출권 파생결합증권(DLS)이 대표적인 예이다. 이 상품은 탄소배출권 가격이 오르고 내리는 데 베팅을 해서 맞히면 많은 수익을 준다. 이를 판매하는 증권사들은 탄소배출권에 투자하거나 다른 기관 투자자들과 내기를 해 이익이 발생하면 이를 투자자들과 나눠 갖는다.

이러한 추세와 비교하면 한국은 뒤늦은 감이 크다. 기관이나 지역별로 서로 거래소를 유치하기 위해 신경전만 벌이고 있기 때문이다. 또 당장 부담이 늘 것을 우려하는 산업계의 반대도 부담스럽다.

하지만 세계적인 추세에 뒤처지지 않기 위해서는 보다 대승적인 판단과 치밀한 정책 수립이 요구된다. 대응이 늦으면 아시아 지역 주도권을 중국이나 일본에 뺏긴 뒤 때늦은 후회만 할 수 있다.

한편 근본적인 이산화탄소 감축을 위해서는 정화시설이나 숲 조성 기술을 후진국으로 이전해 이들이 활발하게 관련 시설을 설치할 수 있도록 할 필요가 있다. 또 각국 정부의 기업에 대한 인센티브 지급 노력도 필요하다. 선진국들만의 시설 설치로는 한계가 있는 데다, 후진국들이 계속 엄청난 양의 탄소를 배출하면 선진국들의 탄소 배출 자제 노력은 무위에 그칠 공산이 크기 때문이다. 이에 선진국들의 보다 넓은 안목이 요구된다.

이산화탄소 감축 노력은 경제 성장을 저해하는 것이 분명하다. 탄소배출권 거래가 활성화된다 하더라도 일정 부분 생산을 줄여 이산화탄소를 줄여야 하는 일이 불가피하기 때문이다.

IPCC는 이산화탄소 감축으로 연평균 세계 경제성장률이 0.12%포인트 감소하는 효과가 있을 것으로 예상한 바 있다. 특히 선진국보다는 이제 산업화 단계에 있는 후진국들의 충격이 더 큰 측면이 있다. 하지만 영속 가능한 지구를 위해서는 이산화탄소 감축 노력은 불가피하고 이를 위해 선진국을 중심으로 한 전세계적인 공조가 반드시 필요하다.

신자유주의는 이대로 몰락할까?
– 경제 사조의 변천

최근 취재차 미국 뉴욕을 방문한 일이 있었다. 그러다 짬이 나 뉴욕 중심가에 있는 유명 대형서점 반즈앤노블스에 들렀다. 직업이 직업인지라 자연스레 경제경영 코너로 발길이 갔다. 불안 심리 때문인지 역시 많은 사람들이 몰려 있었다. 판매대를 보니 이번 위기에 대해 설명하는 책들이 많이 나와 있었다. 그런데 한편으로 이제는 잊혀진 줄 알았던 케인즈주의 책들도 많이 쌓여 있었다. 서점 직원은 "최근 뉴케인지언의 책은 물론 '일반이론' 등 고전에 가까운 책에 대한 문의가 부쩍 늘었다"고 말했다. 심지어 마르크스 관련 서적도 많이 팔린다는 것이 서점 직원의 설명이었다. 실제로 잠깐 있는 동안 《마르크스주의의 향연(Adventures in Marxism)》 등 관련 책을 구입해 가는 사람들이 다수 눈에 띄었다.

이 같은 장면은 금융위기 이후 위협받고 있는 신자유주의를 그대로 상징한다. 신자유주의는 현재 위기의 원흉으로 지목되면서 점차 그 아성이 무너지고 있다. 학계에서는 대체 사상을 찾기 위한 논의가 활발해졌고 현실에서는 신자유주의와 배치되는 정책과 사고가 힘을 얻어가고 있다. 하지만 신자유주의자들은 그들의 주장이 여전히 유효하다고 항변한다. 금융위기 이후 자본주의는 어떤 모습으로 변모할까?

애덤 스미스의 자유주의

역사적으로 세계 경제는 경제사상을 숱하게 교체해왔다. 첫 번째 경제사조라 할 수 있는 것은 '중상주의'이다. 막 경제에 눈을 뜨기 시작한 유럽 절대왕정 시절 경제를 지배했던 사조이다. 이때는 금으로 대표되는 국부를 쌓는 데 전력을 다했다. 이에 정부는 각종 채찍과 당근을 통해 민간이 수출을 통해 금을 확보하도록 독려했다. 그리고 막대한 세금을 징수해 국고에 금을 쌓았다. 이 과정에서 당연히 정부의 힘은 세질 수밖에 없었다.

 이 같은 상황에서 반기를 든 것이 그 유명한 《국부론》을 펴낸 애덤 스미스였다. 애덤 스미스가 국부론을 펴낼 당시 중상주의는 큰 한계에 부딪히고 있었다. 정부 개입이 과도하다보니 민간은 제대로 그 역량을 펼 수 없었고 막대한 부의 원천이 됐던 신시장 개척은 한계에 다다르고 있었다. 특히 정부 간섭 속에서도 무역을 통해 부를 쌓게 된 '부르주아' 계층은 왕족과 귀족의 간섭으로부터 벗어나기 위해 지속적인 노력을 했다.

 이 같은 상황에서 애덤 스미스의 자유주의는 부르주아들로부터 큰 지지를 얻었다. 애덤 스미스는 어떤 간섭도 없을 때 시장이 가장 효율적으로 작동할 수 있다고 주장했다. 각 주체들이 이윤극대화 노력을 하는 과정에서 시장은 자연스레 최고의 균형에 도달하며 이 상황에서 정부는 위법만 단속하면 된다고 설명했다. 이에 맞춰 경제학자 세이는 공급이 수요를 창출한다는 주장을 했고 정부의 시장 개입은 왜곡만 일으킨다고 주장했다.

 이 같은 사고는 시민혁명을 통해 정권을 잡게 된 부르주아들로부터 큰 지지를 얻어 대부분의 나라에 뿌리를 내리게 된다. 이후 정부는 시장 개입을 최소화했으며 시

시기	사건	자본주의 사상	케인스주의
골디락스*	2008년 글로벌 금융위기	신자유주의 재부상 이후 재위기	뉴케인지언 저변 확대
	2001년 IT 거품 붕괴		
	1998년 아시아 금융위기 《제3의 길》 발간	신자유주의 위기	
	1990년대 초 동구권 몰락	신자유주의 발효	
	1980년대 초 미국 스태그플레이션	신고전주의	뉴케인지언 등장
		통화주의	케인스주의 침체
황금기 (Golden Age)	1973년 1차오일쇼크		케인스주의 전성기
	1945년 종전	자유주의 쇠퇴	
	1940년 제2차 세계대전		케인스주의 세계화
	1929년 세계 대공황		케인스주의 태동
	18세기 애덤 스미스 《국부론》 발간	자유주의 태동 및 전성시대	중상주의 위기·몰락

[그림 7-3] **경제위기와 자본주의 사상**

*골디락스: 경제가 높은 성장을 하더라도 물가 상승이 없는 상태

장이 최고의 역량을 발휘할 수 있도록 내버려뒀다. 결과도 괜찮았다. 자유무역을 통해 세계 경제는 나날이 커졌으며 생산 능력도 지속적으로 성장했다. 이 과정에서 많은 일자리가 만들어지면서 농촌에서 쏟아져 나오는 인력들도 일자리를 잡을 수 있었다.

케인지언을 탄생시킨 세계 대공황

1929년 미국에서 대공황이 발생했다. 당시 세계경제는 제1차 세계대전 이후 사상 최고의 호황을 구가하고 있었다. 전쟁 물자 생산에 따른 전시 호황 등 여러 요소가 중첩됐기 때문이다. 하지만 호황은 언제까지나 지속될 수 없었고 결국 제1차 세계대전에 의해 만들어진 거품이 터지면서 세계 경제에는 큰 위기가 찾아왔다.

대공황은 세계 전체를 휩쓸면서 독일의 나치 등 파쇼 정권을 탄생시키기도 했다. 경제 상황이 어려워 민심이 흉흉한 틈을 타 독재정권이 등장한 것이다. 이들이 제2차 세계대전을 일으킨 주역이 됐으니, 결국 제1차 세계대전의 후유증이 제2차 세계대전을 일으킨 셈이 됐다.

이 같은 상황에서 자유주의는 아무런 힘을 쓰지 못했

다. 자유주의는 경제에 위기가 찾아오더라도 시장 자체에 교정 능력이 있어 다시 제자리를 찾을 것이라고 주장했지만 현실은 그렇지 않았다.

이때 혜성처럼 '케인스'가 등장했다. 케인스는 시장은 불완전하며 정부가 수시로 개입해 이를 바로잡아야 한다고 주장했다. 각종 정책을 통해 소비와 투자를 부추기고, 정부 스스로 대규모 지출을 펼쳐 시장 수요를 자극해야 한다는 것이다. 또 시장 불평등도 바로잡아야 한다고 주장했다. 당시 자본가와 노동자의 불평등은 매우 심화돼 있었다. 노동자에 대한 착취 문제도 매우 심각했다. 사회주의의 거대한 물결이 일었던 것은 자본주의의 불평등 문제 때문이었다.

이런 측면에서 케인스는 '생계의 억압으로부터의 자유'란 의미의 자유를 강조했고 사회정의도 주장했다. 이에 따라 케인스는 자유주의자들로부터 '좌파'라는 공격을 받기도 했다. 하지만 미국 정부가 케인스의 조언대로 루스벨트 대통령의 뉴딜정책 등 대대적인 개입을 통해 대공황 탈출에 성공하면서, 케인스주의는 곧 세계 경제 사조를 지배하게 됐다.

이후 각국 정부는 수시로 경제에 개입해 조정했고 세

계 경제는 다시 호황을 구가했다. 특히 1945년부터 1973년까지 세계 경제는 오랜 기간 호황을 구가하면서 '황금기'로 불렸다. 이 기간 자유주의자들은 정상기에는 경제가 스스로 균형을 찾지만 문제가 생기면 정부 개입이 불가피하다는 데 동의를 하면서 케인스주의에 굴복했다.

물가급등 해결 못한 케인지언

그러던 1970년대 중반 전 세계적으로 불황이 찾아왔다. 석유 가격이 급등하면서 물가가 오르고, 원료 가격 부담에 따라 생산이 위축되는 이중고가 찾아온 것이다. 이에 대해 케인지언들은 제대로 설명하지 못했다.

케인지언들은 경기가 침체되면 전반적으로 수요가 줄면서 물가가 하락하고, 경기가 호황이면 수요가 늘면서 물가가 상승한다고 봤다. 즉 경기와 물가는 반대 방향으로 움직인다고 봤다. 그런데 석유 가격 상승에 따른 스태그플레이션(Stagnation) 하에서는 이러한 논리가 들어맞지 않았다. 특히 스태그플레이션 상황에서 케인지언들이 중요시하는 경기 활성화 정책을 하다보면 물가를 더욱 상승시킬 수 있었다.

그러자 자유주의자들이 다시 힘을 얻기 시작했다. 이들은 이 같은 상황에서는 정부 개입이 어떤 힘도 펼 수 없다고 봤다. 차라리 경제를 그대로 놔두고 물가 안정에나 매진해야 한다고 주장했다. 경기를 조절할 수 없으니 통화정책을 통해 물가라도 안정시키라는 것이다. 이런 측면에서 이들은 '통화주의자'라고 불렸고 물가 안정에 어느 정도 공헌하면서 자유주의는 다시 힘을 얻게 됐다.

통화주의는 이후 '신자유주의'로 진화하게 된다. 신자유주의자들은 시장이 그 자체적으로 완벽하다고 주장했다. 아담 스미스의 주장을 그대로 받아들인 것이다. 하지만 이들은 주장을 좀 더 세련되게 했다.

신자유주의자들은 인간이 그 자체적으로 매우 합리적이지만 모든 정보에 접근하지는 못한다고 봤다. 이에 각종 착오가 생기면서 경제에 불확실성이 발생한다고 주장했다. 이 같은 상황에서 정부가 할 일은 가급적 모든 정보를 유통시키면서 경제주체들의 착오를 제거하는 일이다. 이렇게 하면 경제는 그 자체적으로 균형을 찾을 수 있고 정부는 신뢰를 얻을 수 있다고 봤다.

이들은 또 경기가 호황이건 불황이건 결국에는 상황에 맞는 균형을 찾게 되므로, 정부가 물가안정 외에 경기 확대를 위한 개입을 해서는 안 된다고 봤다. 즉 정부가 정보의 유통이나 물가안정에만 매진하면 경제가 효율적으로 돌아갈 수 있다는 것이 신자유주의자들의 주장이었다. 이러한 주장은 레이건 시대로 접어들면서 감세 등을 통해 민간의 공급 능력을 확대시키는 데 최우선을 둬야 한다는 공급경제학과 만난 이후 더욱 탄력을 얻게 된다.

신자유주의 전성시대

물론 신자유주의는 초기 한계가 많았다. 신자유주의자들은 1980년대 초반 급격한 인플레이션이 발생하자 정부가 민간에게 물가를 확실히 억제할 것이라는 사실을 공표한 후 대대적인 유동성 축소 정책을 펴면 물가가 바로 안정될 수 있을 것이라고 주장했다. 모든 정보를 세세하게 공개하면 정부 정책에 신뢰가 생기면서 합리적 주체들이 앞으로 물가가 안정될 것이란 예상을 하게 되고 이에 따라 각종 경제활동에 변화를 주면서 물가가 안정될 것이라고 본 것이다.

당시 미국 정부가 이 같은 주장대로 긴축정책을 펴자 한동안 급격한 경기 침체가 벌어지는 등 큰 부작용이 발생했다. 이에 따라 기준금리 조절 등 정부 개입이 경기를 악화시킬 수도, 반대로 확장시킬 수도 있다는 케인지언적인 시각이 잠시 힘을 얻기도 했다.

그러나 어찌됐든 물가는 결국 안정됐고 신자유주의자들 주장대로 경제는 결국 균형으로 돌아갔다. 이후 금융업과 IT경제가 급격히 발달하면서 세계 경제는 다시 호황을 구가하게 된다. 이는 전적으로 스스로 산업을 발전시킨 민간의 힘이었다. 이에 따라 정부 개입이 최소화돼야 한다는 생각은 큰 지지를 받았다.

신자유주의의 몰락, 뉴케인지언의 부상

하지만 이 역시 영원할 순 없었고 시장은 글로벌 금융위기라는 엄청난 위기에 직면하게 된다. 상황이 이렇게 되는 동안 신자유주의는 전혀 힘을 쓰지 못했다. 감독과 규제 완화만 강조하면서 시장에 어떤 위험이 커지는지 전혀 감지하지 못했다. 특히 신자유주의자들은 인간에 대해 접근 가능한 모든 정보를 분석해 미래를 내다보는 합리적 기대를 하는 합리적 경제인으로 가정했지만, 실제로는 과거에 일어난 일을 분석해 현재에 대처하는 능력을 뜻하는 적응적 기대조차 하지 못할 정도로 비합리적이란 사실이 금융위기를 통해 드러났다. 일부 비판론자들은 신자유주의는 의도된 사상이 아니라 능력 부족을 감추기 위해 탄생된 사상이라는 말도 한다. 시장의 발전 속도를 따라잡지 못해 사실상 방치할 수밖에 없었던 상황을 신자유주의란 이름으로 변명했다는 설명이다.

이 같은 비판에 따라 신자유주의는 그 힘을 서서히 잃어가고 있다. 위기의 진원지인 미국 경제는 이제 정부의 눈치를 가장 많이 보는 시장으로 변모하고 있다. 워싱턴의 백악관과 국회가 각종 정책과 법안을 통해 금융기관은 물론 기업과 가계의 생사를 결정하고 있기 때문이다.

한 월가 관계자는 "각 금융기관들이 초대형 로비스트들을 동원해 워싱턴에서 치열한 로비전을 펼치고 있다"면서 "칼자루는 이제 완전히 정부로 넘어갔다"라고 말했다. 이 같은 언급은 위기가 신자유주의를 밀어내고 있는 것을 단적으로 보여준다.

역사적 경험은 앞으로 신자유주의가 어떤 식으로든 변화할 수밖에 없으리라는 사실을 암시한다. 전망은 크게 2가지이다. 뉴케인지언의 도래로 인한 쇠퇴 혹은 스스로의 진화이다. 현재로선 케인스주의의 이론을 보다 세련되게 구성한 뉴케인지언의 도래가 큰 힘을 얻고 있다. 폴 크루그먼, 조지프 스티글리츠 등으로 대표되는 뉴케인지언들은 그 영향력을 계속 강화해가고 있다. 이들의 발언과 비판의 정책 반영도는 갈수록 높아지고 있으며 크루그먼은 노벨상까지 받았다.

이들은 시장에는 각종 불완전성이 존재한다고 주장한다. 이에 정부 정책에 따라 시장은 효율적 상황에 도달할 수도 있고, 비효율적인 상황에 도달할 수도 있다고 봤다. 이를 방치하면 비효율적인 상황에 처할 가능성이 크므로 정부가 적절히 조정해야 한다는 것이 이들의 주장이다. 특히 주기적인 경기변동의 폭이 클수록 경제에 남는 상처는 커지므로 이를 줄이려는 노력을 해야 한다고 지적한다. 하지만 한편에선 신자유주의자들도 그들 나름대로 정부의 현 위기 대책에 대해 비판을 쏟아내며 영향력을 유지하려 애쓰고 있다. 결과는 사태 전개에 따라 결정될 것으로 보인다.

경제 지식 7일 만에 끝내기

펴낸날	**초판 1쇄 2011년 5월 25일**

지은이 **박유연**
펴낸이 **심만수**
펴낸곳 **㈜살림출판사**
출판등록 **1989년 11월 1일 제9-210호**

경기도 파주시 교하읍 문발리 파주출판도시 522-1
전화 031)955-1350 팩스 031)955-1355
기획·편집 031)955-4671
http://www.sallimbooks.com
book@sallimbooks.com

ISBN 978-89-522-1578-9 13320

※ 값은 뒤표지에 있습니다.
※ 잘못 만들어진 책은 구입하신 서점에서 바꾸어 드립니다.

책임편집 **박종훈**